Suguru Puzzle Book

For Adults

300

Medium to Hard Puzzles

CONTENTS

How to Play:

Suguru, also known as Tectonics or Number Blocks, is a Japanese puzzle invented by Naoki Inaba. The task consists of a rectangular or square grid divided into regions. Each region must be filled with each of the digits from 1 to the number of cells in the region.Also, adjacent (touching) cells should not contain the same number, even diagonally.

1		6	7				2	1
	2	5	3	5		6	3	
3				2		2	5	
	4		4				7	
7				3				
1	3		4	6				
2		5			5		4	
5			1	6			3	
1		6		5		5		

1	4	6	7	1	2	1	2	1
5	2	5	3	5	3	6	3	4
3	6	1	2	1	2	5	2	5
1	4	3	4	5	4	1	3	7
7	2	1	2	3	2	6	4	1
1	3	7	4	6	4	1	3	2
2	6	5	3	2	3	5	6	4
5	4	2	7	1	6	1	2	3
1	3	6	4	5	4	5	4	1

Puzzle 1

1				3	4	5		4
5	6		2	6		2		
							4	7
2	3			5		7		1
6		1					2	5
	4		2	1			3	
	2			3				7
4					6			
1	2			3		1	2	1

Puzzle 2

2		4	5	3		4	2	7
	5	1			2	1		
7								1
	2	5	6		6	2	3	
							1	6
	6	2			4		4	
1						1		1
		4		4	5		6	
2					6	1		4

Puzzle 3

3			2	5		4		3
	4	6			2			
1			4		3			
	4		2		4		7	1
		1		7	5			6
		3				3		
1		2		4	6			2
	6			2		3	6	
			7		5		2	5

Puzzle 4

7	1		1		6			4
	2	3		5				3
1		7	4		2		5	
				6				3
6		3	2					
2	5						2	
		1		4		4		1
5	7		3		7		5	
1				1		4	6	

Puzzle 5

3		1		2				4
5	2		4		6		1	
1				7		7		6
	3		1					
4				4		1		3
		1		3			5	
3			6			4		1
	5			4	2		6	3
2			1				7	

Puzzle 6

2		5	7		6	1		2
4	3			4			6	4
6		6	2	1		4		
5							6	2
	3			3		4		3
4			2		7			
		1				2		3
					7			
3	1		1				3	4

		7		4	1		1	
			3		2		4	5
		1		4		5		2
5	3					7		4
6				7	5	3	5	
	2			2				3
5		7			3			1
	2		1	4			7	4
4		5		3		2		1

Puzzle 8

2		5		5	6	2		5
	4							
2			7					4
			2		6			5
3				1		4		
		4			6			2
4	7			5		5		
2	1				7			
4		7	6		1	6		1

Puzzle 9

Puzzle 10

Puzzle 11

4					5	7	
					3	1	6
4			3	5		2	4
	5		6				5
	4			1		2	6
3		5			4		4
5		4	1	3			3
	7	3		2	7	2	5
1		6	1		3		

Puzzle 12

	6				4	3	1
			4	3		6	
4		3					4
	5		2				
4						5	5
		3		6			3
1			1			3	
				2		2	2
2		1	7		1	4	3

Puzzle 13

Puzzle 14

Puzzle 15

	7	5		7		6		2
3	6					1		
5		2	3		7	5		
	3							
1				1		7		
	2		4		3		5	4
	6			2	4	1		
			6					
2				5	3	5		2

Puzzle 16

1		6	7				2	1
	2	5	3	5		6	3	
3					2		2	5
	4		4					7
7				3				
1	3		4	6				
2		5				5		4
5				1	6			3
1		6		5		5		

Puzzle 17

Puzzle 18

Puzzle 19

6	3	1		2			2	3
		6				3	5	
5				1				1
2		6			4	7	3	2
	5			2				
	7		6				6	
6		5		4				
4					1		2	
2	5	3	2	6		7		4

Puzzle 20

	1		6	5		4		2
2		2			3			
4			4	2				
	3				5	6		7
1		6		3			3	
					5			6
3	5	7				6		1
	2	3	5		4			5
4				3			4	7

Puzzle 21

2					1		2	1
				5		3	7	5
3			6	3				
7		1				3		4
	3			5				5
5	7			6	2		6	2
		4				1		3
1	6	1		3			6	
7	3		4		1		7	1

Puzzle 22

5		4		4	3		3	4
1	2							
		5		6				5
5			1				1	2
	4	7	5		1			
3				3		3		3
			1		4		2	
2						3		5
1	5		4		6	7		1

2			5		7		2	6
			7	3		5		
		3			1			
3					2			6
			2		5		7	2
2				1	3	1		
	4			4			3	2
1	2		1		6		4	
5		4			3			7

Puzzle 24

|
	2		4		3	5		
		1		1	6		4	
1	3		3		7			1
			7	5			4	
		2	6			2		3
4					5		4	
		1				3	6	1
4	5		3				4	7
2		6			6		2	

Puzzle 25

4		1			4		4	3
2		3		7		5		
7			2				2	
2		5		7				3
5	6		6	1		5	4	
	7		3		7		3	5
1			4			5		
	4		5	6	2		2	6
1		6	4		5	4		

Puzzle 26

	7	3		5		1		3
2		5	2		7			
			6					5
2					6			4
6			7		1			
				2	7			
5		5				5		4
			2	7	2		2	
4	6	4	5		6	1		1

Puzzle 27

1		6		4	6		1	2
6	7		5		7			
		1		6			5	
2	3				5			2
1							3	
			4	3	7		6	4
	6	3					3	
3						5		
2	5		3		4			1

Puzzle 28

5	4	2		3				1
	7		6		4		7	
5				3			5	3
	3					2		1
1		1			4		3	
	3		7					2
4			5		2	6	4	1
5		4		1	5			
	6				4		1	5

Puzzle 29

2			4	2		7	5	7
	1				3		2	
		2		1		1		4
			5				5	
		7	1				3	
				2	3			1
	5			1			2	
1		6				3		1
2	4		1	4		2		

Puzzle 30

5		2		5	2	7		2
	7		6		1		3	
3				4				
		4	5					2
							1	
2		2			5			3
	7			2			6	7
							5	
1	4			6				3

Puzzle 31

3		4	1				2	5
		2				3		3
	7		5		7			
	2			6				
6			5				3	5
4				2				
	6	3		5	1		2	
			2		7			
	3			5		1	2	4

Puzzle 32

2		4		5		1		6
3	6	2	3	2				5
						6		
	1	3	7		5		7	
							1	5
	7	3		5		6		2
5			4			5		
3		1		6			2	7
1	5		2		1	5		

Puzzle 33

1		1	3	2	1		2	3
	2		6			4		6
3				3	5		2	
			1					5
3					6			1
						2		
4		6		6			4	3
			2			1	6	
3		1			3		5	7

Puzzle 34

5	2	4	6	4				3
	3				5		2	
		2		1				7
5					6			5
3		1				5		4
	6			6			3	
		7	4		4	1		1
					3		4	
		2	3	1		6	7	2

Puzzle 35

	1	5		1			3	7
					2			
	2			5				1
5			4					
1		7			2		4	3
		3		1			2	
6				2	6		5	
	4					4		1
3		1			1		3	

Puzzle 36

1	2	3	6				2	
4				1		6		
	7		3		2		5	
4		6	2		3		6	
	2					2		1
7		4		6	5			6
	3		3		1	2	3	2
	6			7		5	7	
1		3	4		3	1		1

Puzzle 37

		7	4	5				3
	6				1		2	
5		3		2				6
	2		1		1		4	
1	6		5					
	3	4	1			4		1
		6	2				5	
4		3		7	2		6	

Puzzle 38

2								
5	1	5	3					
2			1			4		5
	6	7					3	
	3			3				
	2					3		3
3		3	4		5			
	4					7		2
2		1		3	2		3	6

Puzzle 39

1	5		2			4		
	7	6		1				2
3	2					5		5
1			7					
		1		1		7		
		5			6			4
	1			2	5		6	2
		4			4	2	3	
	3		6	5			1	4

Puzzle 40

3				5		4		2
7						6	1	
			4	2				2
3	4	5			3			
	7			6		2		3
3					4		7	
				3		2		4
7			6			1		2
	2			2	3		7	

22

Puzzle 41

2	3		7	1	2			7
			2				6	2
			3		3			
	6		2		4		5	1
3			3					
	5	7			5	1		3
1		3		2	6			
3	4	2	6		1		1	
1				2		3		4

Puzzle 42

6	3		5		2	1		3
5				6			4	
	1		5					5
3	2		1	2		2		7
1					3	5	3	
	5					2		4
1			5		5			2
	5	2		3		6	7	
					4	5		2

Puzzle 43

	7		5		5	1	2	
				2				
	2		3			6		
		6					1	3
	5				1	5		5
2		3	1	2			4	
3					3		7	1
	4	5		4		5		2
2		6	3				4	

Puzzle 44

	7		4		1	6	5	3
		6	2	6			2	
5	2	4			1	4		4
3				3			2	
						6		5
6		5		2			3	
4			7					
		1			2		5	3
6	4		3	5				1

Puzzle 45

	1		2	3		3		2
2					4		6	
	6		3	5		2		7
			7		7			3
5			2			1		
3						4		
	1	7			7			
	6					2		1
1		5		3	4	1	3	

Puzzle 46

1			4	5		6		2
6		3	7				1	
1	4			5		2		
		5					3	
5						2		
	7		7			3		1
4		4	5		5			6
2		3				4	3	
	4		1	4	3		1	

Puzzle 47

Puzzle 48

Puzzle 49

2		4		6		1		4
	7		5	4			2	
4		1	3			7		5
6		7		5			2	
	3					4		
2		6					1	5
			3		7			
		2		6	4			2
1				1		1		5

Puzzle 50

1	7			1		6		4
2					3			
	4	5		5	4	2		
3		3		6				7
	2		7			6		5
				5			4	
	2		1	7				3
	5				2		5	
2			4	6		1		3

Puzzle 51

7					3	7	4
1	3		3		1		
	6			2	4	3	2
		4	1			5	
1		1		7			
	4		5		2	4	3
2	7		2				4
4				5		7	
2			3		6	2	6

Puzzle 52

3	4				3		6	4
	1		7					1
5				1	6	2		3
	2						5	
3		5	6		2	7		
	1	2			4			
	7	5		6		3		
				4		4		
1	3		3				7	1

Puzzle 53

	6		1		2	1		1
				5		6		3
4				1			5	
	6					6		4
5	3		3		1		2	
6		2		5		5		
4			6				1	
				7		5		
		5		2	1		1	3

Puzzle 54

				4		1		
2		3		3		7		
	5				5			
			1			6		4
3	2			3		5	1	
		1		2				
4			4					3
		6		5	2		2	
2	3		1		3			4

Puzzle 55

3		1	4	3				2
	4	2		5		6		3
	5		4		4	5		
	1			2				
5					6		6	
	2			1	7		2	5
3		6				5		3
	1				1		6	
2		7	2	3				2

Puzzle 56

6			2			6	5	
	2				1			7
1		7			2		2	
5			4			7		6
2					1			5
	4		6				4	
5		5			1		3	6
	6			4			7	
		4		3	6		1	3

Puzzle 57

	3				1		6	2
2		1					5	
	3				6			
		4			2	3		
1			6	5		4		1
	4		1		1		2	
2		3						5
	5		2	7			2	3
2				3		5	6	

Puzzle 58

1	2	7		5		1	6	1
4			4					
3	6			5				5
						7		
		2			4		2	
1						5		
	7		4			6		4
4		6		5	7		1	
1			4	1				4

Puzzle 59

2		5		1		7	5	3
	1	4	6			2	6	
3					6			
		5				5		1
	6	3						4
4	7					4		
		1						
4		4			4		1	7
1	2	5				5		

Puzzle 60

		1		4				7
3			5	2			5	
		6		6			4	6
4		5						5
1	6						3	
		7				2		
			4			6		3
4		6	5				5	
3	7			6		7	2	1

Puzzle 61

5		4		1	4	7		1
7							5	6
	3				7			3
1				3		2		1
				4	5		3	
	2		5					4
1	6			3	6			
	7	4		1		2	4	2
2			3		7	5		6

Puzzle 62

1		2			1		6	
2			5	6				
3					5			4
	6		7	2			5	
1					4			6
		3	5		5		2	
	4		1			4		6
	5	3					2	
4	1		6		5	4	3	7

Puzzle 63

4		1		3			3
1	2			2	7	6	
			6	4	3		
1	2				1	1	5
	4	7			6		2
2				1	7		4
3			6			1	
6		3		4			3
1			1		2	1	5

Puzzle 64

	6		1	7		2	4
	1	7		4	1	1	3
3		3	1			2	
1	7	4		2			
	3			3	1		4
6			1			5	
2				6			3
					2	2	4
			5	6			1

Puzzle 65

Puzzle 66

Puzzle 67

5		1		1		3	
	4		6				
3			1		4		
	7	5					1
6			7		4		3
	2		2		6	7	
	7		4		5		1
3		6			3	2	
2			2	3		4	

Puzzle 68

2		7	6		1		
			2		6	3	2
		1		4		5	
		4	7			3	2
5			6	3			
3		7	2		5	3	4
4	2					2	6
	7		2	4			2
2		3		6	3	1	3

Puzzle 69

1		5		3				
		6				4		3
5		5		5			6	5
	1	3					2	
6			2			6		
	2	6		7			3	
	1	5	1		1	6		1
	4		3	6		5	4	
2	6	1				7		2

Puzzle 70

4		2		1		4		5
6			4		6			
7						3		4
1		4		3		6		
		7		5	2			2
	1	5			1			
	4		1			6		
5		6			1			
4		3		2		5		

Puzzle 71

			3		6		7	4
1		5		5	2			1
	4			6	1			
		5	7			3		2
	7		1				4	
	1		5	3		3		7
		4						
4				1				4
2	3		3		5			2

Puzzle 72

4		5			2			3
	7	2			1	3		
1			1		4		7	
6		7				5	4	
5		1			7			1
	4		3	6				
	5		1			5		1
1		2	3					
2		6		4	6			1

Puzzle 73

2		3		2		2	4	7
1	6				3			6
4	2	3		2		2		4
	6				4		5	1
3				3		7		3
	4		7			5		7
		6		2		3		6
	5							
2		4	1		2			3

Puzzle 74

1				3				6
2	7					1	4	
					2			1
5						1		
			2	7	5			4
	5	7	1				6	
2				2	3	2	7	4
3							1	
1	2		1		3	6	5	2

Puzzle 75

	5	2			1	2		3
7			4	5		4	6	1
4		5					2	
	2	1		3		6		
			6				4	
						6		3
	3	2						4
1			1	5	3		5	
3		7			1			1

Puzzle 76

5				1			2	7
	3			5		5	4	
4				3				2
	3		6				4	
5				1	4		7	5
1			6			1		1
				3		7	3	
					6			5
4		6	7		3		4	3

Puzzle 77

		2	5	1			2	
					2	1		1
5		4					7	
	6				2	3	2	4
2		2		4	5			3
4							4	
	5		2	4		6		5
		4			3		3	
3	1				6		4	1

Puzzle 78

4		1		1	2	5	3	
	5	2		3				2
3	4				6			
	5	2		2		2		
1		4			6			
7	2		1	2				2
3							4	
				7		6		6
3		5	3			1		3

Puzzle 79

6				4		1	5	1
						3		3
4				4	5			
	3						6	
	5		7		7		7	
4		3		2		4		
5		6	1	4				
	3		7		2			1
2	7	5			5	7	3	2

Puzzle 80

	5		3	1		3	2	1
	4			7	2		6	
6	7		5			5		2
				7	2		1	
4		3	2					
				1	4	3		5
1	5			3				
					1	5		3
		1	2	7		4	2	

Puzzle 81

		5	3	7		3	4	6
2	7							2
		3		6	5	1		
4	1		1					2
		6		2	5	6		4
			7					
	7	5			3			
5				4				
6	2	5	3		1		7	5

Puzzle 82

6				6	7			2
			1		1		3	5
7		3	2		5	7		2
2		7		4		2		
4			6		3			1
				1	6		6	
	5	1		3				5
			6			2		
3		4			3		1	7

3		1	4		6		4
7	6						3
	5	1			2		1
						5	
	7	5		1	2		3
1			4			7	2
7	3		6		4		
					2		2
2			1			1	7

Puzzle 84

3		5				5		1
	4	3				4	2	6
		5	4				5	
						3		2
7	4			3		7		3
		7	2	7			5	
4	3	6			2			2
						4	5	
	1							3

Puzzle 85

	1		2	4		3		5
6		3			2		1	4
2	1		2	5	4			3
		3					4	2
	4			7	3		7	
		1		1				
1	2							1
	3		2	4				
6				6	7		5	

Puzzle 86

6		4	3		5		3	1
						2		2
				6	4			
	3	6	7					4
7			5	3				
6						3		3
	5		7		5			
			1	4			7	6
	1	3		5		4		

Puzzle 87

3	1	5		2		3	4	1
6			4		6			
2		7		3		5		
								1
3					1		4	
	7		3				6	
				1		3		3
	3		4		7			
4		2		6		3		5

Puzzle 88

4	2					3		4
	6			5				
5	1		7		3			
			5					3
	4			2	6			
	5			4			4	
4			6			3		7
		7		3	5			6
2		1				4		4

Puzzle 89

1			3				4	
7	5			6		3	6	
	4		1		2		2	3
		2			1			1
			3		5			7
		4		4	3	4		
3		3	6		7		5	4
	2							1
5		7	4			3		

Puzzle 90

6	4		7		6	5		5
7				3				
								4
3		3	6					5
6	1		1		3		1	2
	3							
4			5					4
1			4				1	
4				1	2		3	5

6		3					4	6
7	1				2			
	4			4		3	4	
		7			7			3
6	3		5			4		4
		4	7				5	
4	1			2		6		1
7		6	1			3		
	4		5		2		6	4

Puzzle 92

3		7	6	2		2		1
	2		4			3	6	
				2				4
		2	6		5			
	5		7	2		2		4
6	7		1		3	5		1
	3	6	2		6		2	
1								
3			3		4		4	5

3		1		5	3	4		5
		2			5			
							3	
5	3	6		2	3		7	
4		7	3		6			4
					2		1	
						6		5
	6						1	3
5		2			1	2	6	

5		4		6	7		3	6
4								2
	1			4			6	
		6		1		3		2
1	3			4				
	4					1		5
	3					7		4
2		7					3	
1	3	6		5	1	6		4

Puzzle 95

		7	3	4		4		3
4	2		6		1	2	6	
		5			4		3	
	3		6				4	
4				4	2		1	3
	6		2		3			
		3		5				
5	1				4			5
3			6	3		5	4	3

Puzzle 96

1	2		1		1		3	
6		4		7				
	3		1	5				
4								3
2							7	
	5		5			2		
1	7					5		5
		4	2		1			1
2	1			5		6	2	

Puzzle 97

3	1	2		4	5		1	
6		4	5		3	6		2
							1	
2			1		2			4
	3	6			7		1	
4				2			3	
	3	5	7	5	3	1		
1		1	4		2		3	
5	3		2	5				2

Puzzle 98

5	4		6		4		1	5
						3		
2	6		5	1	4		7	
		3						6
5		1		7				5
1	4						3	
				5				1
2	7	2			3	6		7
3			3			4		5

Puzzle 99

7	4			1		4		
	1	3			6			1
3			1		5	2	4	
	1		6		6	1		
4		5		1			4	6
		7	6		7			
				2				5
2		1					6	1
	6			7	3		4	3

Puzzle 100

5		1	3		2	3	4	
		2		4	6			1
	6				2		4	3
4			5				1	6
	1			3		7		
2				4		3		
				7		5		7
2	5	1					3	
			5	1		4		5

	3	4				3	4
1				2			
6	2	7		6	1		
4			1	2		4	6
	2	7		3	5	1	7
	3		2			2	3
7				6	4	3	
2		1		2			
	3			1		6	3

Puzzle 102

6			2			4	3
4	7				5	2	
2		1		4		4	6
7	5		6		6	1	1
	3	7			4		
4			5			3	1
	6	4				5	2
1	5	2			4	7	
		4		1	6		2

6	5	1		1		3		2
				7	4		4	
							6	1
	1		3		2			
3		6				6		2
			2		4			
	2				7		1	
1		3		6		3		3
3			5					4

Puzzle 104

1					5	2		2
	3						1	
		1		4	7	5		
	2		5					
4			6		4	3		5
	3		3	2			7	4
1		1			6			2
	2		4	1			5	
1				2	7	2		3

Puzzle 105

5		6	5				2	
				7		3		1
4				6				3
	1	6	4		5			
5			5		4			3
		4		2	6			
3				5				4
	4	6			6			5
1				1	7	4	3	

Puzzle 106

		5	6					1
				7				3
2			5				4	
1		6				5	7	5
	2			3				
1	6		6	2		2		
				4	5		6	1
2		3						4
3	1		5	1	6	5		2

Puzzle 107

Puzzle 108

			1	3			4	1
4		5		2	4		5	
	3		7					
	7	5		2				3
	4			5	3		7	
6		6				5		
5			4			3		6
	1		1		2			7
2		5				5		2

7		5		4	5		1	3
	4		3	6				6
3	6			7		3		1
	5	1	3	6	1		4	
2						6	5	
1					2			1
4		3			5		5	
	6			6				2
1	3		4		3		7	3

Puzzle 111

5		2	1				2	
						5		
2	1		6					2
	7				4		4	
5				6				1
						2		
1	4			5		1	3	
2		2					7	2
1	3			5	4		1	

Puzzle 112

3		5			4		2	
1			1	2	5			5
		4	6	4		4		2
1		7		2		2	3	6
			6		3			5
							2	
5	3		5			1		5
				4	7		2	
1		6		3		5		1

	2			5				6
1		5					2	
	3		6					5
6		1			3		4	6
								5
	2		7		5		4	2
3		5		1				
	4	2		6		6		2
6		7	5		3	2	4	

Puzzle 114

	4		5				4	1
3						5		
		6						2
2		4					6	
					4		5	
6			7	3				7
			4	6				3
			5			1	2	
3	1	3		4	5		7	3

Puzzle 115

2		4			3		1	2
				2			3	
	3		4		6	5		1
6					3			
1	4		3	5				5
	7		2				4	
		3						1
3						6	5	
2	6				3	4	2	1

Puzzle 116

4		1		5		3	6	
	5			7			2	
7	2				4			
			3		1		5	1
		2		6	5	6		4
	6			1			3	
1	5	1	3			5		5
7			7		3		1	3
1		3		2				

Puzzle 117

1	4	5				7	4	5
			3		2			2
	7	5			4		7	
3		3		3		1		
		6	5	4		5	6	
		4						
5					5		6	
2		6						
1			2	5	3	1		3

Puzzle 118

		1		6	3		3	
2	7		2					1
5	4			5	1		7	4
					4		3	
5	3					5		6
		5			3		1	
	4			4		6		
		5						5
3		3		6	4	5		2

Puzzle 119

	3		7	1			3
2	5	2		3	7		4
	3		1	7		1	
		6		5	3		
6	1			6			
		2	1		5		6
7	3	4					
1				7	4		5
	2	3	1	3		7	4

Puzzle 120

2	5	1			3	4	
				5			1
7		2					2
				6		3	4
1			4			7	
2		6		1			
			2	3	4	2	
	7		1		1	5	4
1			4	6	2	3	1

Puzzle 121

6		4	2			5		2
7	5			6			1	
		7	2		1			5
3		4					1	
4	5	2	6		4	2		2
		3			5		5	
6	7			2	7			3
		3			6		7	6
	5		5	4	5	4		

Puzzle 122

2				5		6	5	2
			2		7			1
3		6				6		
					1		7	4
1		2		6		2		2
	4		3		5		6	3
6				4				
1		5	3				1	
	2				4	2		7

Puzzle 123

2	4							
	1	6	3		4		5	4
		2	5				2	1
	3			3			4	
6			5		2			7
1				6	7		1	
					5			3
7		6		3		3	6	
3		4	1		5	4	1	3

Puzzle 124

7	2		1	4		1		3
		5			5			5
			1			4		
								2
2		3					4	7
	4			7			3	
1		2						
5		1			5		6	3
1	4		3			2		

Puzzle 125

3			3	2	5		3	
	5							
4			6					
	1			4			2	
4			1		7			3
5	1		7	6	3		5	
4		6	1			6	1	2
	2				3		5	
7		1		4	5		1	4

Puzzle 126

1				3			1	4
	5				6	3		
1		3						4
							1	
2	4						3	
	3			4				1
2		2		5	7		4	
	5		3	1	6		3	5
4		7	5		4		2	

Puzzle 127

2			2	4	3		5	6
1						6	1	
	4		5	3		3		4
1								2
5			6	5	2		5	
2		3				1		
	5	7	2					4
			4			7	2	
4		3			1	6		5

Puzzle 128

		3		1			1	4
5	4		6		2		6	
				1		5		
3	6		7	3			6	
				6				4
3	2	6			4		3	
	1		3	2				
		7		4			1	
3			1	5		6		7

Puzzle 129

1	3		6	7	5			1
2		2		4		6		
	3		7	5		1		
6					4			2
	4		1			3		
2	5	7		5	6	4		7
	3							
6				3		5		4
4	1						1	

Puzzle 130

4		1	4	3		2		3
	3			2	4		5	
		2	1					4
3	7	4			7	1	7	
5		6						
		3	2			6	3	2
4	2			4				1
3		5		5		2	5	
	2		4				3	

Puzzle 131

1	2				7	6		3
		1	2	5				
	4						3	
		6		7				1
	2			6				
	1		4			5		3
		2			4		1	
1			5		1			2
4	2		7	2		2	4	1

Puzzle 132

2		4	1				7	4
5	7			3				2
	3						6	
7		7	2	3				1
6	4				1		4	3
3		2				2		
		7	3	4				2
	1		2			2		5
4		4			5	6	4	

Puzzle 133

1		6		4	1		3	1
	3		1			6		
		6		4			3	5
4			1			4		6
	2	5			2		2	3
5			7		1		6	
						5		
3	1		1				3	
		2			5	6		1

Puzzle 134

7	4	2	1			5		3
1		3		3				
6						3		4
	3	1	4			5		2
	2							
3		5	4	5	4			7
		6		1			4	
	5			6				3
1		4	5		1		4	2

5	3	2					3	
6			5	6		4		4
4	7	6	7	2			6	
		5			3			
	1		3	6	1		5	
2		4						6
4				5				
			7		6			5
2			2	5			4	1

Puzzle 136

6		1		5			4	1
5	7							6
4		2		3		3		
	6		7		7			
1		1				5		
		6			1	6		2
3	4		1					4
		6		4		3	1	7
	2		3		6		5	4

Puzzle 138

Puzzle 139

6	2	1	5		2			4
	5			7			6	1
7	6							2
3			3				5	1
	7		1	5		3		
1					2			1
3		1		3				
				6				5
2		5			2		4	

Puzzle 140

4	3	1		3		7		
	5		2		4			6
4		6				6		1
					3			
5		6		1			1	2
2				6				6
	1	7					7	2
2			5				1	
		3				3		3

Puzzle 141

	3		5					1
2								
5		5		5		3		2
4			4	1		4		
	1	7			2			2
5		4			7			
2				3	1			
				2		7	1	
4			5	4		2		6

Puzzle 142

	2				3		7	
		4	7	4		4	6	
	5							2
2		2		6			5	
	7		1	2		6		6
2			5		1			
	1		6		2		3	
5	2		1		3	4		6
1		3		6		7		5

Puzzle 143

	6	4	6			1	6	
	2				2			
1		7			4			
	5	1		5		7		3
2			6				4	
1		1					7	2
	4				4			
		2	1			2	6	
	3	6		5				

Puzzle 144

	6		1		3	6		
		4					4	
	3		3		2	3		1
5					5		4	
4						3		7
3				2	6		6	
	4		3					
	6		1			7	4	
1		4	2		1			1

Puzzle 145

	2		5		6		5	7
		4		4				
3			3					2
		6						1
3				2		7		3
	4		4		4		1	
2		7		5				
			1	3	1			2
3		5		2		6	7	

Puzzle 146

			2		5	3		
5		1		1	2			3
4	2	6				7		
		5			2	5		4
	2						6	
4		1	5					1
		7						5
	2		5	1				4
1		4	2				2	

Puzzle 147

1		3		2		7		1
6	5	4		6	4		4	
3								2
				6			6	
6			5		4	5		
	2							6
7		6	4		6		2	
5		2		1		1		3
	4		5		6	4	2	

Puzzle 148

4	2		1	2	1		4	2
1		4			3		1	
		6	1			6		4
7	3							7
		4	3	6		7	2	
	2	6	7			4		
4		4		1				2
1			5		3	1	6	
	6				2			3

Puzzle 149

8	4		2	3	1		1	
1		5						
	2		7					
1		3					5	3
3	6				4	6		
4			5	6				5
		6			3			7
4		4		5				1
	3			2			2	

Puzzle 150

1		3		7	2			5
	6		2	1		6	3	7
2	3						2	
	6		1	2		4		6
3		3			5		5	
	6					6		3
7		2				7		4
	3	5	1	4		3	1	
6	2						6	7

Puzzle 151

1		6		4			1	2
6	7		5		7			
		1		6			5	
2					5			2
1								
			4	3	7		6	4
	6	3					3	
						5		
2	5				4			1

Puzzle 152

	4	2						1
	7		6		4		7	
5							5	3
	3					2		1
1		1					3	
	3		7					2
4			5		2	6	4	1
5								
	6					1	5	

Puzzle 153

			5				2	
					2			1
5		4					7	
	6					3	2	4
2		2			5			3
							4	
	5			4		6		5
					3		3	
3	1			6		4		1

Puzzle 154

		3		1			1	4
5	4		6				6	
				1		5		
3			7	3			6	
				6				4
3	2				4			
	1							
		7		4			1	
3			1	5		6		7

Puzzle 155

3	2		4	7	6			4
5		5		3				5
	7						4	
1			7		6	3		3
7	2		4					2
	1			5				
5					2		6	
3					7	5		
	1	4	3		2		4	7

Puzzle 156

3		1		2				4
5	2		4		6		1	
1				7		7		6
	3		1					
						1		3
		1		3			5	
3			6					1
	5			4	2		6	3
2			1				7	

3			1	6		1		
					5		3	
1	5			4			7	
	3	7	1			2		
	6					1		
								3
			3				6	
3								
	2		3		3		5	2

Puzzle 158

1			4	5		6		2
6		3	7				1	
	4			5		2		
		5					3	
5						2		
	7		7			3		1
4		4	5		5			6
2		3						
	4		1	4	3		1	

Puzzle 159

5		4		6	7		3	6
4								2
	1			4				
		6				3		2
				4				
	4					1		5
						7		
							3	
	3	6		5	1	6		4

Puzzle 160

1				5	1		3	1
			3			4		
1				4	2	1	6	
6			5			7		4
		4				3		
			1		1			2
1								
					1	6		3
5	2			3				1

Puzzle 161

	1	2		2		7		4
6				5				1
5						1		
					2			6
2		3		3				3
	6			5			4	
2	1							
	7	6				4		
2	1		5		7		5	3

Puzzle 162

3		5		3		1		1
1			2	6			5	
	6							3
		1		1				
2			6		4		4	6
6		4		1		5		
	5				6			3
			7	3			4	
3	4		1		1		2	

Puzzle 163

				3				6
1								
2	7					1	4	
					2			1
5								
			2	7	5			4
		7	1				6	
2					3	2	7	4
							1	
1			1		3		5	2

(Note: grid values — 1, 3, 6 / 2, 7, 1, 4 / 2, 1 / 5 / 2, 7, 5, 4 / 7, 1, 6 / 2, 3, 2, 7, 4 / 1 / 1, 1, 3, 5, 2)

Puzzle 164

	3	4					3	4
1					2			
6	2	7		6	1			
4				2		4	6	
		7		3	5		1	7
	3		2			2		
7				6	4	3		
2		1		2				
	3					6		3

84

Puzzle 165

2					7		2	6
			7	3		5		
					1			
3					2			6
					5		7	2
				1	3	1		
	4			4			3	2
1	2			1		6		4
5		4				3		7

Puzzle 166

1	2	3	6				2	
4					1		6		
	7				2		5	
4		6	2		3		6	
	2							1
7		4		6	5			6
	3				1	2	3	2
	6			7		5	7	
1		3	4		3			1

Puzzle 168

Puzzle 169

1	4	5				7	4	5
			3					2
	7	5			4		7	
3				3		1		
		6	5			5	6	
		4						
5					5		6	
2		6						
1			2		3			3

Puzzle 170

3		1		3		6	3	
			6	1			2	
	3							1
				6		1	7	
3					5		6	2
			4		7			
	4			2		2		6
2		3		3		6		
5		6	7		1		3	2

Puzzle 171

Puzzle 172

Puzzle 173

	6				4	3		1
						6		
4		3						4
	5		2					
						5		5
		3		6				
1			1				3	
						2		2
2		1	7		1		4	3

Puzzle 174

2		5	7		6			2
4	3							4
6		6	2			4		
5							6	2
				3		4		3
4			2		7			
		1				2		3
					7			
	1		1			3	4	

1		5		3				
		6				4		3
5				5			6	5
	1	3					2	
			2			6		
	2	6		7			3	
	1	5				6		1
	4		3	6		5	4	
2	6					7		2

Puzzle 176

4		1			4		4	3
2		3		7		5		
7			2				2	
2								3
5	6		6	1			4	
	7		3		7		3	5
		4						
			5	6	2		2	6
1		6				4		

Puzzle 177

		1	6	4		5		6
						7		
			5					
		1				7	4	
	6					6	2	
1		4		2				
			5					
2				7			3	
	6		5		4	5		2

Puzzle 178

4		2						
	6	5			2			5
4		1				4		
			6					4
						3		
6		3	5			1		3
	1						2	1
3		7		5			6	
	6	3			3	5		5

3			3	2	5		3	
	5							
			6					
				4			2	
			1					3
5			7	6	3		5	
4		6	1			6	1	2
	2				3		5	
7		1		4	5			4

Puzzle 180

5	3					1		4
7		5	6					5
	2						4	
4	3		7		4			1
	6				7	2		
4							5	
2	6	4		7	5			2
	3							
1		4		1	2		7	1

Puzzle 181

6			2			6	5	
	2				1			7
1		7						
			4			7		6
2								5
			6			4		
5		5					3	6
	6			4			7	
		4		3	6		1	

Puzzle 182

4		5			2			3
	7	2			1	3		
1							7	
6		7				5	4	
					7			
	4		3	6				
	5		1					1
1			3					
		6		4	6			

Puzzle 183

6				4		1	5	1
						3		3
4				5				
							6	
	5		7		7		7	
4		3		2				
5		6	1	4				
			7					
2	7	5			5	7	3	

Puzzle 184

	3		7		1			3
2	5				3	7		4
	3		1	7			1	
		6		5		3		
6	1			6				
			1			5		6
7	3	4						
1				7		4		5
	2			1			7	4

Puzzle 185

1	5		2			4		
	7	6						2
	2							5
1			7					
		5			6			4
	1			2	5		6	2
		4			4	2	3	
	3		6	5			1	4

Puzzle 186

				4		1		
		3		3		7		
					5			
			1			6		4
3	2						1	
		1		2				
4			4					3
		6						
2	3		1		3			4

Puzzle 187

	4		7		3	6		1
							2	
			4			6		3
4		3		6				
			7			7		2
6		2		6				
4								7
	1	4						6
3	5			2		6	3	

Puzzle 188

	1		2	4		3		5
6		3			2		1	4
2			2	5	4			
							4	2
	4			7	3		7	
				1				
1	2							1
			2	4				
6				6	7		5	

Puzzle 189

5		1			1			
		4		6				
					4			
	7	5						1
6				7		4		3
			2			6	7	
		7		4		5		
3		6				3	2	
2						4		

Puzzle 190

6	3	1		2			2	3
		6				3	5	
5				1				1
					4	7	3	2
	5			2				
	7		6				6	
6		5		4				
4					1		2	
2		3	2	6		7		4

Puzzle 191

4		6	1		4	6		5
1							1	
					6	3	4	2
4			1				5	1
		4					3	
							7	4
6			3	7	4			
4	7							
	1		2	3		2		3

Puzzle 192

	2	4			1			3
			3		2		6	
3		2			7			2
		7		1	2	6	2	4
	6		3		7		3	
4		4	1	2		1	7	1
5					5	2	6	
3	1					3		

Puzzle 193

7			1		6			4
	2	3						3
1					2		5	
				6				3
6		3	2					
2	5						2	
		1		4				
5	7		3		7		5	
1				1		4	6	

Puzzle 194

	6			7				4
	1	7		4	1		1	3
3		3					2	
	7	4		2				
	3			3	1			4
6							5	
2				6				3
							2	4
			5	6				

	7	2	1	4			4
5				6			
1		6	7	4			6
	7			5			
2			3				
				1	3		
6		6		2			
	3		7		5		5
1			5			2	4

Puzzle 196

4		1		3				3
					2	7	6	
				6	4			
1							1	5
		4	7			6		2
2					1	7		4
3				6			1	
6			3		4			3
1					1		2	5

Puzzle 197

2			4	2		7	5	7
	1				3		2	
		2		1				4
			5				5	
		7	1				3	
				2	3			1
	5			1			2	
		6				3		1
2	4		1	4		2		

Puzzle 198

6		4	2					2
7	5			6			1	
		7	2					5
3		4					1	
4	5	2	6		4	2		2
					5		5	
6	7			2	7			3
		3			6		7	6
	5			4	5	4		

Puzzle 199

3			1				2	5
		2						3
	7		5		7			
	2			6				
6			5				3	5
4				2				
	6	3			1			
			2		7			
				5		1	2	4

Puzzle 200

			1		6			
					7	3		
3				1				7
		1		6				1
2	5					2		
				5	7			6
5	6			2				
7			5		3		4	

Puzzle 201

1		6	7						
	2	5	3	5		6	3	
3					2			5
	4							7
7				3				
1	3		4	6				
2		5				5		4
5				1	6			3
1		6		5				

Puzzle 202

	2		3			1		2
				1	4		7	
1							4	2
	5						5	
3		7				3		3
1			1			4	6	
2		3		7				4
			3	7		1	5	

Puzzle 203

5		2	1				2	
					5			
2	1							2
	7					4		
5			6					1
					2			
1		5				3		
							7	2
1	3	5	4		1			

Puzzle 204

2		4		6		1		4
	7		5	4		2		
4			3			7		5
6		7		5		2		
	3							
2		6			7	1		
				6	4			2
		2		1		1		5
1								

Puzzle 205

5		2		5	2	7		2
	7		6		1		3	
3				4				
		4	5					2
							1	
2		2			5			
	7			2			6	7
							5	
1	4			6				3

Puzzle 206

	2			5				6
1		5					2	
	3		6					5
6		1			3		4	6
								5
	2		7		5		4	2
3		5						
	4	2		6		6		
6		7	5			2	4	

Puzzle 207

Puzzle 208

Puzzle 209

7			7			4		
	1		2				5	
	6						2	1
2			5				5	
				1		3		
1	7		2			7		
					3		1	7
5			4	5		5		
6		6			7		2	

Puzzle 210

4					5	7		
					3		1	6
4			3			2	4	
	5		6					5
	4						6	
3		5			4			4
5		4						3
	7	3		2	7	2	5	
1		6	1		3			

Puzzle 211

	3		2	3	5			7
				1			1	
	4		2				3	6
7				6	2			4
5			7					5
								4
3			4				5	
	5	3					7	3
1						1		2

Puzzle 212

1	2		4	2		1		3
						7		4
		2	7		1	3		
4					2		6	4
2		6						
						5	2	
					6			4
			7	1	5	3		
			6				1	6

Puzzle 213

Puzzle 214

Puzzle 215

3	1						1	
6			5		3	6		2
							1	
2			1		2			4
	3	6			7		1	
4				2			3	
	3	5	7	5	3	1		
		1	4		2		3	
5	3		2	5				2

Puzzle 216

5		5		5		6		3
					4		7	
3						5	6	5
	5					7	3	
	6							
		2						
3			6				5	
7								4
		3			4		2	

Puzzle 217

	2			3		5		3
	5				6		2	
4	3							1
2			5	3				
	6			2				7
7			7				5	2
		5		4				
5	1		2		7	6	3	2
		3		3				6

Puzzle 218

4		3	4					
	7					2	3	
	1				7		1	
7		4						
				7		7		5
6				2	5			7
2	4		5			2		
					6		1	5
4	1		1	3				

Puzzle 219

3		1		3				2
	4			5		6		3
	5				4	5		
	1							
					6		6	
	2				7		2	5
3		6				5		3
	1				1		6	
2		7	2	3				2

Puzzle 220

	7			1		6		4
2					3			
		5		5	4	2		
3				6				7
	2		7			6		5
				5			4	
			1	7				3
	5						5	
			4			1		3

Puzzle 221

3				5		4		2
7						6		
			4					2
3	4	5			3			
	7			6				3
3					4		7	
				3		2		4
7			6			1		2
				2	3		7	

Puzzle 222

1				7			3	2
			1			6		
5		3		2			4	
4			1		5		5	
6		2	3			1		
			4			5		
			3	1			1	
	4	6						4
		2	5		5			6

Puzzle 223

		7	3					3
4	2		6		1	2	6	
		5			4		3	
	3		6				4	
4					2		1	
	6				3			
		3		5				
5	1				4			5
3			6	3			4	3

Puzzle 224

2		4	5	3		4	2	7
		1			2	1		
7								1
	2	5			6		3	
							1	
	6						4	
								1
		4			5		6	
2					6	1		4

Puzzle 225

1				3			1	4
	5				6	3		
								4
							1	
	4						3	
	3			4				1
		2		5	7		4	
	5		3	1	6		3	5
4		7	5		4		2	

Puzzle 226

2	5							4
6	1		6				1	
		4			7			
	7		3		4	3		
2		5			2			2
			1			6	5	
	6		3	2		4		
4								
	1	3	5			7		4

Puzzle 227

7	4	2				5		3
1				3				
6						3		4
	3	1	4			5		2
	2							
3		5	4	5				7
				6				3
		4	5		1			2

Puzzle 228

3			4		6			
			6	2				5
2		1		7		3		
	4				6			
					7		2	6
				5				
	6	5			2			5
5								4
	3		4		4		6	7

Puzzle 229

Puzzle 230

Puzzle 231

Puzzle 232

Puzzle 233

Puzzle 234

Puzzle 235

		1		4				7
3			5	2			5	
		6		6				6
4		5						5
1							3	
		7						
			4		6			
4		6	5				5	
3	7			6		7	2	1

Puzzle 236

5				1				7
	3			5		5		
4					3			2
							4	
5				1	4		7	5
1			6			1		1
				3		7	3	
					6			5
4		6	7		3		4	

Puzzle 237

5		1	3			3	4
		2		4	6		
	6				2	4	3
4			5			1	6
	1						
2				4			
				7		5	7
2		1					
			5	1		4	5

Puzzle 238

	3	5		5		2	4
		2					
					6		2	3
			5			3	4
		3					1
4			6	3		4	
5	6			7			2
						5	
			5		6		

Puzzle 239

Puzzle 240

Puzzle 241

2		3		2		2		
	6				6		6	
2		5		2				2
	4		4		7			
6								
	3		3		2			5
5								1
		6		1				
4			3		7		6	

Puzzle 242

4		6			3	4	3	1
	3			7				2
4	2		5			5		3
		4		6				6
5		3						
	6			6				
4					5			
	3	2	5	6			4	

Puzzle 243

5			7		5			3
2								2
	7				3			
		2	6					
	5					6		4
6		4			7			
				2	5			
3		7		1			2	3
		5			4		6	

Puzzle 244

6	1			1	6	3		5
		7		2			6	3
	4	2			4			1
	6			5	6		3	
2				3		1		2
	4	2						
3	6	5			3			
5		3		2		1		4

Puzzle 245

1						4		1
			7		6		2	
3			6					1
	6	1		2				
5					6			5
						7	6	2
2							1	
	7							4
	6							

Puzzle 246

7	2			4		1		
		5						5
						4		
								2
		3					4	7
	4			7			3	
		2						
5					5		6	3
	4		3			2		

125

Puzzle 247

	4				4		
	7	3					1
1	5						
	7				6		
6		5					5
	5						4
	6					7	
	3			7		3	2
5	1	6		4		1	6

Puzzle 248

				1		4	
			6	3	7		
						5	
5	6		1				4
1	4			4			
6					1		6
7	2			4		4	
	1	3			2		2

126

Puzzle 249

		2				3		2
1	6				7			6
	7		3		6	1	3	
		4						5
						4	6	
2		1			3		5	
	7	5	4			1		6
1	4						4	
			4		5			

Puzzle 250

3	2			4		7	5	
								3
6	7	1				5		
				3	4		3	
3		7	4				2	
6	4			7				3
	3							1
	4					7	3	6
3			3				2	1

Puzzle 251

1	3		5		1			4
		2			7	4		
5				2		5		3
2		7			6			5
	3		4	7				
7	6		2		3		6	
1		1		6			7	
	3	7					3	2
1					1			4

Puzzle 252

			6	5		4		2
		2			3			
4			4	2				
	3				5	6		7
1		6		3			3	
					5			
3	5	7						1
	2	3	5					5
4				3			4	7

Puzzle 253

2		6	1		2	6		7
4		5						4
						1		
6		6		4				6
	2							
					4			
		6		5				3
2			1	6		6		3

Puzzle 254

4					6	7		2
	5							4
3			2		1			
2	7		4		6			4
		5					3	2
5	6				1		7	
2					2		5	1
	7		5			1		
3		2	4	3				2

Puzzle 255

3			2	5		4		3
	4	6			2			
1			4					
	4				4		7	1
					5			6
		3				3		
1		2		4	6			2
	6					3		
			7				2	5

Puzzle 256

7	2		4		4		5	
5	4	6						2
				7			5	
	6							3
					4		7	6
5		7				1		5
				5				2
			4					
						5		3

Puzzle 257

3				5	3	4		5
		2						
							3	
5	3	6					7	
		7	3		6			4
					2		1	
						6		5
	6							3
5		2			1	2	6	

Puzzle 258

	5	2			1	2		3
7			4	5		4	6	1
4		5					2	
	2					6		
			6				4	
						6		3
	3							4
1			1	5	3		5	
3		7			1			

Puzzle 259

						6	
	6	7			2	5	
4		5				7	
7	1		6	1			
			5		5		3
	6		7				
		4			4		4
3					6	2	
5	6			5		3	

Puzzle 260

	4		5				4	
3						5		
			6					2
2		4						
					4		5	
6			7	3				7
				6				3
			5			1		
3	1	3		4	5		7	3

132

Puzzle 261

Puzzle 262

Puzzle 263

1	7			4		5		2
		2			1		6	
		5		7				
		3						5
1	5		2		3		1	
			6				6	
4		4			2			4
		3		5			1	
2					2	7	6	

Puzzle 264

5	7	6			4		5	2
		1	3	1		7	3	1
							2	
5				4		5	6	
7	4		6					
			5			3		
					1		4	
4								
2			1	6				3

Puzzle 265

4	2							4
	6			5				
5	1		7					
			5					3
	4				6			
				4			4	
4			6					7
		7		3	5			6
2						4		4

Puzzle 266

			6		4			3
5		4		1		2	4	
				5		7		1
			7			3	5	
1		5		3			7	
	3							
			6					
					5		6	
1			2	4		1		

Puzzle 267

5		4		1	4	7		1
7							5	6
	3				7			
1				3		2		1
				4	5		3	
	2		5					4
1	6				6			
	7	4					4	2
2					7	5		6

Puzzle 268

3	4		6	3				2
1			1	7	4			
			6			5	6	5
3					4			
1		4					6	3
	3	7	6			1		1
4								5
				7			3	
2	5				6			2

Puzzle 269

					7		2	6
2								
			7	3		5		
					1			
3					2			6
					5		7	2
				1	3	1		
	4			4			3	2
1	2		1		6		4	
5		4			3			7

Puzzle 270

			5				2	
					2			1
5		4					7	
	6					3	2	4
2		2			5			3
							4	
	5			4		6		5
					3		3	
3	1			6		4		1

Puzzle 271

	3		7		1			3
2	5				3	7		4
	3		1	7			1	
		6		5		3		
6	1			6				
			1			5		6
7	3	4						
1				7		4		5
	2			1			7	4

Puzzle 272

4		3			2		2	
		6						
	4							4
1			5				1	
	2		6		3	4	5	3
			1			7	1	
	1	7		2				
5					1	5	1	6
1	3		5	6		3		2

138

Puzzle 273

2			4	2		7	5	7
	1				3		2	
		2		1				4
			5				5	
		7	1				3	
				2	3			1
	5			1			2	
		6				3		1
2	4		1	4		2		

Puzzle 274

5		4		1	4	7		1
7							5	6
	3				7			
1				3		2		1
				4	5		3	
	2		5					4
1	6				6			
	7	4					4	2
2					7	5		6

Puzzle 275

6	3	1		2			2	3
		6				3	5	
5				1				1
					4	7	3	2
	5			2				
	7		6					6
6		5		4				
4					1		2	
2		3	2	6		7		4

Puzzle 276

2			2	4	3			6
1						6		
	4		5			3		4
								2
5				5	2		5	
2		3				1		
	5	7	2					4
			4			7	2	
4		3			1	6		5

Puzzle 277

2		5	7		6			2
4	3							4
6		6	2			4		
5							6	2
				3		4		3
4			2		7			
		1				2		3
					7			
	1		1			3	4	

Puzzle 278

1			3	7	6	4		5
7				1				
3		5			6			3
	6						1	
		4				7		2
1								
	3		7	2				2
6								
		6	5					4

Puzzle 279

Puzzle 280

Puzzle 281

	4	2						1
	7		6		4		7	
5							5	3
	3					2		1
1		1					3	
	3		7					2
4			5		2	6	4	1
5								
	6						1	5

Puzzle 282

1	5		2			4		
	7	6						2
	2							5
1			7					
		5			6			4
	1			2	5		6	2
		4			4	2	3	
	3		6	5			1	4

Puzzle 283

	1		2	4		3		5
6		3			2		1	4
2			2	5	4			
							4	2
	4			7	3		7	
				1				
1	2							1
			2	4				
6				6	7		5	

Puzzle 284

6			2			6	5	
	2				1			7
1		7						
			4			7		6
2								5
			6			4		
5		5					3	6
	6			4			7	
		4		3	6		1	

Puzzle 285

3	6	3						
		4	6					
				7	4			
	7			5				
3	4		2				4	
				5		6		3
	5			2				6
1			4		7			
		2		3		3		5

Puzzle 286

1		6		4				1
	3					6		
		6		4			3	5
4			1			4		6
					2			3
5			7		1		6	
						5		
3	1		1				3	
		2			5	6		1

Puzzle 287

5				1				7
	3			5		5		
4					3			2
							4	
5				1	4		7	5
1			6			1		1
				3		7	3	
					6			5
4		6	7		3		4	

Puzzle 288

6				4		1	5	1
						3		3
4					5			
							6	
	5		7		7		7	
4		3		2				
5		6	1	4				
			7					
2	7	5			5	7	3	

Puzzle 289

2	4	5				2		3
7					3	6	4	
2			1					2
	6			7	5			4
1			4			4	7	
7					1			5
3				6		4	2	6
	4							
1		7	5		2	3		7

Puzzle 290

			4				4	6
		6				5		
		1					1	
1			3			7		3
							6	
4								
	2	1	2			4		2
	6			5				
5				1		2		

Puzzle 291

	5	2			1	2	3
7			4	5	4	6	1
4		5				2	
	2				6		
			6			4	
					6		3
	3						4
1			1	5	3	5	
3		7		1			

Puzzle 292

	1			6		4	4
				7		1	
3			2			6	
			3		2	3	
5	7			5		7	5
	2					4	1
	4					1	
	7						
2		3		1	4	5	3

Puzzle 293

5		5		5		6		3
					4		7	
3						5	6	5
	5					7	3	
	6							
		2						
3			6				5	
7								4
		3			4		2	

Puzzle 294

			6	5		4		2
		2			3			
4			4	2				
	3				5	6		7
1		6		3			3	
					5			
3	5	7						1
	2	3	5					5
4				3			4	7

Puzzle 295

2	5	7			7		1	
1		1	2			4		
				7	5	2		3
3		4				1	5	
		6		5	7			2
		1			2		1	7
3				6		3		
		2		7		6	5	4
			5		3	1		

Puzzle 296

	2		1	2			4	2
1		4					1	
		6	1			6		4
7								7
		4	3	6		7	2	
	2	6	7			4		
4				1				2
1			5		3	1	6	
	6							3

Puzzle 297

4	1	6	5	4			6	4
2				2				7
	6	5						
				1		7	1	
			5	7				
	2		2					
6					2	6		3
3							4	
5		5		7			2	

Puzzle 298

4	2							4
	6			5				
5	1		7					
			5					3
	4				6			
				4			4	
4			6					7
		7		3	5			6
2						4		4

Puzzle 299

	7	3		5		1		3
			2		7			
				6				5
2						6		4
6			7		1			
					2	7		
5		5				5		4
			2	7			2	
4	6		5		6	1		1

Puzzle 300

2		6	1		2	6		7
4		5						4
						1		
6		6			4			6
	2							
						4		
			6		5			3
2			1	6		6		3

Please leave your feedback

:)

Answer 1

1	2	4	5	3	4	5	6	4
5	6	3	2	6	1	2	3	2
4	1	5	4	3	4	6	4	7
2	3	7	2	5	1	7	3	1
6	5	1	3	4	3	5	2	5
3	4	6	2	1	2	6	3	1
1	2	3	5	3	4	1	2	7
4	5	4	1	2	6	5	4	5
1	2	3	5	3	4	1	2	1

Answer 2

2	3	4	5	3	7	4	2	7
1	5	1	6	1	2	1	3	5
7	4	3	4	3	4	5	6	1
5	2	5	6	1	6	2	3	4
4	1	7	4	2	3	5	1	6
2	6	2	3	1	4	2	4	3
1	3	1	5	2	3	1	5	1
4	7	4	3	4	5	2	6	2
2	3	1	2	1	6	1	3	4

Answer 3

3	2	1	2	5	3	4	2	3
5	4	6	3	1	2	6	1	4
1	3	1	4	6	3	5	3	2
5	4	5	2	1	4	2	7	1
3	2	1	4	7	5	6	4	6
4	6	3	5	2	1	3	1	5
1	5	2	1	4	6	5	4	2
2	6	4	3	2	1	3	6	3
1	3	1	7	4	5	4	2	5

Answer 4

7	1	4	1	2	6	4	2	4
5	2	3	6	5	1	3	1	3
1	4	7	4	3	2	4	5	2
3	5	1	5	6	5	1	6	3
6	4	3	2	4	2	4	5	1
2	5	7	5	3	1	3	2	3
3	6	1	2	4	2	4	6	1
5	7	4	3	5	7	1	5	3
1	2	6	2	1	2	4	6	1

Answer 5

3	6	1	3	2	4	2	3	4
5	2	5	4	1	6	5	1	2
1	4	7	3	7	2	7	4	6
2	3	2	1	5	3	6	2	1
4	6	4	6	4	2	1	4	3
1	2	1	5	3	5	3	5	7
3	4	3	6	7	1	4	2	1
1	5	2	5	4	2	5	6	3
2	3	4	1	3	1	4	7	1

Answer 6

2	6	5	7	1	6	1	3	2
4	3	1	3	4	3	5	6	4
6	2	6	2	1	2	4	1	5
5	4	5	7	5	7	3	6	2
1	3	1	4	3	2	4	1	3
4	2	5	2	5	7	6	5	4
5	3	1	6	3	4	2	1	3
2	4	2	4	5	7	6	5	2
3	1	3	1	2	1	3	4	1

Answer 7

4	1	7	5	4	1	3	1	2
2	3	6	3	6	2	6	4	5
1	4	1	2	4	3	5	1	2
5	3	5	3	1	2	7	6	4
6	1	7	4	7	5	3	5	2
3	2	6	1	2	4	6	4	3
5	4	7	5	6	3	1	2	1
1	2	3	1	4	5	6	7	4
4	6	5	2	3	7	2	3	1

Answer 8

2	1	5	1	5	6	2	4	5
3	4	3	4	2	4	3	1	3
2	1	2	1	7	1	5	2	4
6	5	4	3	2	3	6	3	5
3	2	1	5	4	1	7	4	1
1	5	4	3	2	3	6	3	2
4	7	2	5	1	5	1	5	4
2	1	3	4	2	4	7	2	6
4	5	7	6	3	1	6	3	1

Answer 9

1	7	5	3	2	4	5	2	4
5	4	6	1	6	1	6	1	3
2	3	2	5	7	2	4	7	4
6	1	4	3	1	3	1	2	3
7	3	7	2	4	5	7	6	1
2	5	1	5	3	6	2	5	7
1	4	3	4	2	4	3	4	6
3	2	1	6	1	6	1	2	1
5	4	5	2	3	4	5	3	5

Answer 10

4	1	3	2	5	4	1	4	1
3	2	4	1	3	6	2	5	3
6	1	5	7	2	5	3	4	2
5	3	2	3	1	4	6	1	3
1	4	1	4	2	3	2	4	2
2	3	5	3	1	4	5	1	5
1	6	4	2	6	2	7	3	2
3	5	7	1	3	4	5	4	5
2	1	2	5	2	1	3	1	3

Answer 11

4	2	1	3	1	5	7	2	3
1	3	6	2	4	3	6	1	6
4	2	4	3	5	1	2	4	7
3	5	1	6	2	4	5	3	5
1	4	3	4	1	7	2	6	2
3	2	5	6	2	4	5	1	4
5	1	4	1	3	1	6	7	3
6	7	3	5	2	7	2	5	4
1	2	6	1	4	3	1	3	2

Answer 12

1	6	3	2	1	4	3	4	1
3	2	5	4	3	2	6	2	5
4	1	3	1	5	4	5	1	4
2	5	6	2	3	2	3	2	3
4	1	4	1	4	1	5	1	5
3	2	3	2	6	2	7	4	6
1	4	6	1	4	3	1	3	1
3	5	2	5	2	5	2	5	2
2	4	1	7	3	1	6	4	3

Answer 13

6	5	4	1	2	3	2	1	4
2	3	2	5	6	4	6	3	5
7	5	6	1	3	1	5	7	2
1	4	3	5	4	7	3	6	4
2	6	2	7	2	1	2	1	5
1	3	1	3	4	5	7	4	3
2	6	4	6	1	3	1	2	1
1	7	5	2	5	2	6	4	3
3	2	4	3	1	4	7	5	6

Answer 14

5	4	5	1	5	1	6	4	3
2	1	2	6	3	4	2	7	2
3	4	3	1	2	1	5	6	5
1	5	2	5	4	3	7	3	1
4	6	1	3	6	2	4	2	4
1	5	2	4	1	3	1	3	1
3	4	1	6	2	4	2	5	2
7	2	5	4	3	1	3	1	4
3	1	3	1	2	4	5	2	3

Answer 15

1	7	5	2	7	5	6	3	2
3	6	1	4	1	2	1	4	5
5	4	2	3	6	7	5	3	1
2	3	1	4	2	3	1	6	4
1	4	5	7	1	4	7	3	2
3	2	1	4	5	3	2	5	4
4	6	5	3	2	4	1	6	1
3	1	2	6	1	6	2	4	3
2	4	3	4	5	3	5	1	2

Answer 16

1	4	6	7	1	2	1	2	1
5	2	5	3	5	3	6	3	4
3	6	1	2	1	2	5	2	5
1	4	3	4	5	4	1	3	7
7	2	1	2	3	2	6	4	1
1	3	7	4	6	4	1	3	2
2	6	5	3	2	3	5	6	4
5	4	2	7	1	6	1	2	3
1	3	6	4	5	4	5	4	1

Answer 17

4	3	2	7	3	7	3	5	4
2	1	4	1	2	1	4	1	2
4	3	6	3	6	5	7	3	6
1	7	1	4	2	3	6	2	4
2	5	3	5	1	4	1	5	1
3	1	4	7	2	7	2	3	4
2	5	2	3	1	5	4	1	5
1	3	1	4	2	6	2	3	2
2	4	5	6	1	3	1	4	1

Answer 18

4	1	3	2	1	4	1	3	4
5	2	5	4	3	7	2	5	2
3	6	7	1	2	1	4	3	4
1	4	2	3	5	3	2	1	2
3	6	7	4	6	1	5	4	3
1	4	2	1	5	3	2	7	1
5	3	5	7	2	1	4	3	2
6	2	4	1	4	6	2	5	6
1	3	6	3	2	5	1	4	1

Answer 19

6	3	1	7	2	1	4	2	3
4	2	6	3	4	5	3	5	4
5	1	4	2	1	2	1	6	1
2	3	6	3	5	4	7	3	2
1	5	2	1	2	3	1	4	1
3	7	3	6	7	5	7	6	5
6	1	5	2	4	2	3	1	4
4	7	4	1	3	1	4	2	6
2	5	3	2	6	5	7	3	4

Answer 20

4	1	4	6	5	1	4	3	2
2	3	2	3	7	3	2	1	5
4	1	5	4	2	1	4	3	6
5	3	2	1	7	5	6	5	7
1	7	6	4	3	2	1	3	1
2	4	3	2	1	5	4	2	6
3	5	7	4	3	2	6	3	1
1	2	3	5	1	4	5	2	5
4	6	1	4	3	2	1	4	7

Answer 21

2	3	2	3	4	1	5	2	1
4	1	4	1	5	6	3	7	5
3	2	5	6	3	2	4	1	3
7	4	1	2	4	1	3	2	4
2	3	6	3	5	7	4	7	5
5	7	1	2	6	2	3	6	2
4	2	4	5	1	4	1	5	3
1	6	1	2	3	2	3	6	4
7	3	5	4	5	1	4	7	1

Answer 22

5	3	4	2	4	3	1	3	4
1	2	6	1	5	2	4	2	1
6	4	5	3	6	1	7	6	5
5	3	2	1	2	3	4	1	2
1	4	7	5	4	1	2	5	7
3	2	3	2	3	6	3	4	3
4	1	4	1	5	4	1	2	1
2	6	3	2	3	2	3	4	5
1	5	1	4	5	6	7	2	1

Answer 23

2	4	2	5	1	7	1	2	6
3	5	1	7	3	4	5	4	5
1	4	3	4	6	1	3	7	3
3	2	1	5	3	2	4	1	6
1	4	3	2	7	5	6	7	2
2	6	1	5	1	3	1	4	1
5	4	3	2	4	2	5	3	2
1	2	6	1	5	6	1	4	6
5	3	4	2	4	3	7	5	7

Answer 24

3	2	3	4	5	3	5	2	1
4	6	1	6	1	6	1	4	5
1	3	2	3	2	7	5	3	1
2	4	1	7	5	4	6	4	2
1	3	2	6	2	3	2	5	3
4	5	4	3	1	5	1	4	2
1	3	1	2	4	2	3	6	1
4	5	7	3	5	1	5	4	7
2	1	6	1	4	6	3	2	1

Answer 25

4	5	1	2	3	4	1	4	3
2	6	3	5	7	2	5	6	1
7	1	4	2	1	4	1	2	5
2	3	5	3	7	2	3	6	3
5	6	1	6	1	4	5	4	1
4	7	2	3	5	7	2	3	5
1	3	1	4	1	3	5	4	1
2	4	2	5	6	2	1	2	6
1	3	6	4	7	5	4	3	1

Answer 26

1	7	3	4	5	2	1	2	3
2	4	5	2	1	7	3	4	1
3	1	3	4	6	4	1	2	5
2	5	2	1	5	3	6	3	4
6	4	3	7	4	1	5	2	1
3	2	1	2	3	2	7	6	5
5	7	5	4	1	6	5	3	4
1	3	1	2	7	2	4	2	5
4	6	4	5	3	6	1	3	1

Answer 27

1	2	6	1	4	6	5	1	2
6	7	4	5	3	7	2	6	4
4	5	1	2	6	1	3	5	3
2	3	7	4	3	5	2	4	2
1	4	5	2	1	4	1	3	1
3	7	1	4	3	7	2	6	4
5	6	3	5	1	6	1	3	7
3	4	2	4	2	3	5	4	2
2	5	1	3	1	4	2	3	1

Answer 28

5	4	2	1	3	1	3	4	1
2	7	3	6	2	4	2	7	2
5	6	1	5	3	5	3	5	3
4	3	2	4	2	1	2	6	1
1	6	1	3	5	4	5	3	4
2	3	4	7	1	3	1	7	2
4	1	6	5	4	2	6	4	1
5	3	4	2	1	5	3	2	6
1	6	1	3	4	2	1	5	4

Answer 29

2	4	6	4	2	1	7	5	7
3	1	5	3	5	3	6	2	1
2	4	2	4	1	2	1	3	4
3	1	3	5	6	3	6	5	1
2	4	7	1	4	1	4	3	2
3	1	2	5	2	3	6	5	1
2	5	4	7	1	5	4	2	3
1	7	6	2	3	6	3	5	1
2	4	3	1	4	1	2	4	3

Answer 30

5	3	2	1	5	2	7	1	2
4	7	5	6	3	1	4	3	6
3	1	2	1	4	6	5	1	5
2	5	4	5	2	1	4	3	2
4	3	6	3	4	6	2	1	4
2	1	2	5	1	5	3	5	3
4	7	3	4	2	4	2	6	7
3	6	1	5	3	1	7	5	4
1	4	3	2	6	2	4	1	3

Answer 31

3	1	4	1	4	2	4	2	5
2	5	2	6	3	5	3	6	3
3	7	1	5	4	7	2	7	1
4	2	4	3	6	5	1	4	2
6	3	6	5	1	4	2	3	5
4	2	1	4	2	3	5	4	1
1	6	3	7	5	1	6	2	3
5	2	1	2	4	7	3	5	1
1	3	7	3	5	6	1	2	4

Answer 32

2	1	4	1	5	4	1	7	6
3	6	2	3	2	3	2	4	5
5	4	5	1	4	1	6	1	3
6	1	3	7	6	5	2	7	4
3	2	6	2	4	3	4	1	5
1	7	3	1	5	2	6	3	2
5	4	5	4	7	1	5	4	1
3	2	1	3	6	2	3	2	7
1	5	4	2	4	1	5	6	3

Answer 33

1	5	1	3	2	1	5	2	3
4	2	4	6	4	7	4	1	6
3	5	3	5	3	5	6	2	4
2	1	2	1	2	4	7	3	5
3	4	3	4	3	6	1	4	1
1	5	1	2	1	5	2	6	2
4	2	6	3	6	4	3	4	3
5	7	5	2	1	5	1	6	2
3	2	1	4	6	3	4	5	7

Answer 34

5	2	4	6	4	1	3	1	3
7	3	1	5	2	5	4	2	4
1	4	2	3	1	3	1	6	7
5	7	6	7	2	6	2	3	5
3	2	1	4	1	4	5	1	4
1	6	3	2	6	3	7	3	2
4	2	7	4	1	4	1	5	1
1	3	1	5	2	3	2	4	3
2	4	2	3	1	5	6	7	2

Answer 35

2	1	5	4	1	4	1	3	7
3	6	3	2	6	2	7	2	5
4	2	4	1	3	5	1	4	1
5	3	6	2	4	6	3	5	2
1	4	7	5	3	2	1	4	3
7	2	3	4	1	5	3	2	1
6	5	1	6	2	6	7	5	4
1	4	2	3	4	3	4	6	1
3	5	1	5	2	1	2	3	4

Answer 36

1	2	3	6	5	2	5	2	3
4	5	1	2	1	4	6	1	4
3	7	4	3	5	2	7	5	3
4	1	6	2	4	3	4	6	2
3	2	3	1	7	1	2	3	1
7	5	4	5	6	5	6	4	6
2	3	1	3	4	1	2	3	2
4	6	5	2	7	6	5	7	5
1	2	3	4	1	3	1	4	1

Answer 37

1	5	7	4	5	2	4	6	3
4	6	2	1	3	1	3	2	4
5	1	3	5	2	4	5	1	6
3	2	4	1	3	1	3	4	5
4	5	3	6	2	5	2	7	2
1	6	7	5	3	1	3	5	4
2	3	4	1	4	2	4	2	1
1	5	6	2	3	5	3	5	4
4	2	3	1	7	2	1	6	1

Answer 38

2	3	4	1	4	1	4	1	2
5	1	5	3	2	3	2	3	6
2	3	4	1	4	1	4	1	5
4	6	7	2	5	2	5	3	2
1	3	5	4	3	4	1	4	1
4	2	1	2	1	2	3	2	3
3	5	3	4	3	5	6	4	5
1	4	2	6	1	4	7	1	2
2	3	1	4	3	2	5	3	6

Answer 39

1	5	1	2	4	5	4	3	4
4	7	6	3	1	3	1	7	2
3	2	5	2	5	2	5	4	5
1	4	3	7	4	3	1	2	3
6	2	1	2	1	5	7	6	1
4	3	5	3	4	6	2	3	4
2	1	2	6	2	5	1	6	2
4	5	4	3	1	4	2	3	5
1	3	1	6	5	3	7	1	4

Answer 40

3	1	3	2	5	2	4	3	2
7	5	6	1	3	1	6	1	4
6	1	2	4	2	4	5	3	2
3	4	5	3	1	3	1	4	1
1	7	2	4	6	5	2	5	3
3	4	5	1	2	4	1	7	1
2	1	2	4	3	5	2	3	4
7	5	3	6	1	4	1	5	2
1	2	1	5	2	3	6	7	4

Answer 41

2	3	4	7	1	2	4	5	7
5	1	5	2	4	5	1	6	2
3	4	3	1	3	6	3	4	3
2	6	5	2	5	4	1	5	1
3	1	4	3	1	3	2	6	2
4	5	7	6	4	5	1	4	3
1	6	3	1	2	6	2	7	2
3	4	2	6	4	1	4	1	5
1	5	1	3	2	5	3	2	4

Answer 42

6	3	1	5	3	2	1	5	3
5	2	4	2	6	4	3	4	2
4	1	6	5	3	1	5	1	5
3	2	7	1	2	4	2	4	7
1	4	3	4	5	3	5	3	1
2	5	6	2	1	4	2	6	4
1	3	1	5	6	5	3	1	2
4	5	2	7	3	1	6	7	4
2	1	3	1	2	4	5	1	2

Answer 43

2	7	1	5	4	5	1	2	1
1	3	4	6	2	3	4	3	6
4	2	1	3	1	5	6	7	2
1	3	6	2	4	2	4	1	3
4	5	4	5	3	1	5	2	5
2	1	3	1	2	4	6	4	3
3	7	2	6	5	3	2	7	1
1	4	5	1	4	7	5	6	2
2	3	6	3	5	2	1	4	1

Answer 44

2	7	5	4	3	1	6	5	3
1	3	6	2	6	2	3	2	7
5	2	4	1	5	1	4	1	4
3	1	5	2	3	2	3	2	3
7	2	4	1	4	1	6	1	5
6	1	5	3	2	3	5	3	4
4	3	4	7	5	1	4	2	1
1	2	1	6	4	2	7	5	3
6	4	7	3	5	1	4	2	1

Answer 45

5	1	4	2	3	2	3	7	2
2	3	5	6	1	4	1	6	1
1	6	1	3	5	6	2	5	7
4	2	4	7	1	7	3	4	3
5	1	3	2	4	5	1	5	1
3	2	4	6	1	3	4	2	4
4	1	7	3	2	7	5	6	5
2	6	2	4	1	6	2	4	1
1	3	5	7	3	4	1	3	2

156

Answer 46 Answer 47 Answer 48

Answer 49 Answer 50 Answer 51

Answer 52 Answer 53 Answer 54

Answer 55 Answer 56 Answer 57

Answer 58 Answer 59 Answer 60

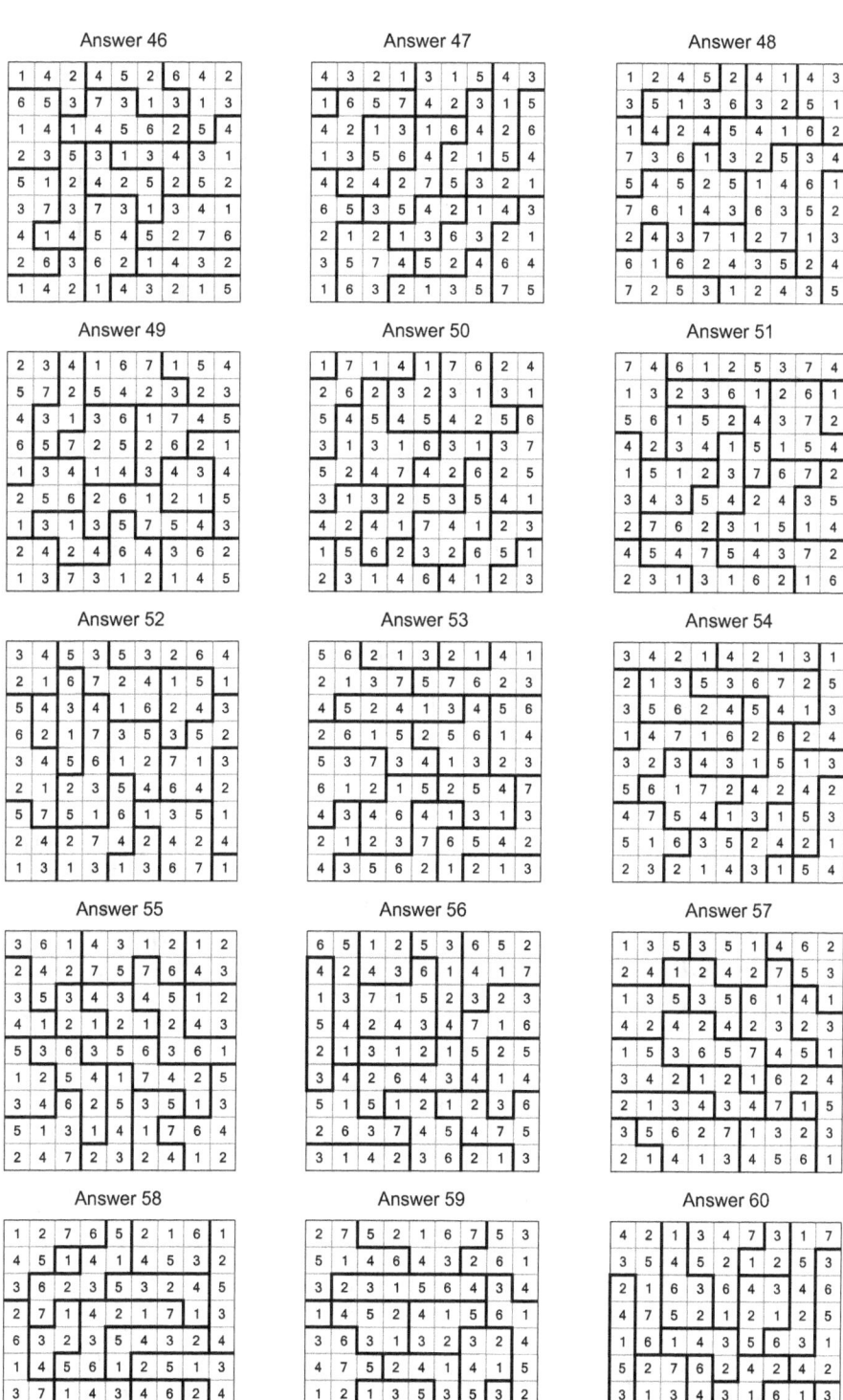

157

Answer 61

5	3	4	5	1	4	7	3	1
7	2	1	6	2	5	2	5	6
4	3	4	5	4	7	3	4	3
1	5	1	2	3	1	2	6	1
6	3	4	6	4	5	7	3	2
4	2	1	5	7	1	2	1	4
1	6	3	2	3	6	3	5	3
3	7	4	5	1	4	2	4	2
2	1	2	3	2	7	5	1	6

Answer 62

1	3	2	4	3	1	5	6	1
2	4	1	5	6	2	4	2	3
3	5	3	4	3	5	3	1	4
4	6	1	7	2	6	2	5	2
1	2	4	6	1	4	1	4	6
3	5	3	5	3	5	3	2	1
1	4	2	1	6	1	4	5	6
2	5	3	7	2	3	7	2	1
4	1	2	6	4	5	4	3	7

Answer 63

4	3	1	4	3	5	4	2	3
1	2	5	2	1	2	7	6	1
5	6	3	4	6	4	3	2	4
1	2	1	2	3	1	5	1	5
4	3	4	7	4	2	6	3	2
2	7	5	1	3	1	7	5	4
3	1	4	2	6	5	3	1	2
6	2	5	3	7	4	7	4	3
1	3	4	2	1	6	2	1	5

Answer 64

2	6	4	1	7	5	2	5	4
5	1	7	2	4	1	3	1	3
3	2	3	1	5	6	7	2	6
1	7	4	6	2	4	3	5	3
2	3	5	7	3	1	6	2	4
6	1	4	1	4	2	3	5	6
2	3	5	2	6	5	4	1	3
1	4	1	3	1	2	3	2	4
2	3	2	5	6	4	1	5	1

Answer 65

2	6	1	3	4	5	1	3	6
1	3	7	5	6	2	7	5	4
2	5	4	3	1	4	1	2	1
4	1	2	5	7	2	5	4	3
2	3	4	3	4	6	3	1	2
6	1	6	1	2	1	2	4	5
2	4	3	4	3	4	3	1	6
1	5	7	6	5	2	7	4	2
3	2	4	1	3	1	5	1	3

Answer 66

3	2	4	1	4	2	7	5	1
4	5	3	2	6	3	1	4	3
6	7	1	5	1	2	5	2	1
5	2	3	6	3	4	7	3	4
3	1	7	4	2	6	1	2	5
6	4	2	1	7	4	3	4	3
1	3	6	4	5	2	1	2	1
5	4	5	2	1	6	7	3	6
3	2	1	3	4	5	4	2	1

Answer 67

5	3	1	2	4	1	4	3	4
4	2	4	5	6	3	2	1	2
3	1	3	2	1	5	4	3	4
2	7	5	4	3	2	6	2	1
6	1	3	1	7	1	4	5	3
3	2	4	2	5	3	6	7	2
4	1	7	3	4	1	5	4	1
3	5	6	1	5	2	3	2	6
2	1	4	2	3	1	4	5	1

Answer 68

2	5	7	6	3	1	2	1	3
1	4	3	2	7	6	3	4	2
3	5	1	5	4	1	2	5	1
4	2	4	7	2	5	3	4	2
5	1	3	6	3	6	1	6	1
3	6	7	2	4	5	3	4	7
4	2	1	5	1	6	2	1	6
1	7	4	2	4	5	4	5	2
2	5	3	1	6	3	7	1	3

Answer 69

1	2	5	1	3	6	2	6	2
4	3	6	4	2	1	4	1	3
5	2	5	1	5	3	7	6	5
3	1	3	4	7	4	1	2	4
6	4	5	2	1	2	6	5	1
3	2	6	4	7	3	4	3	4
7	1	5	1	5	1	6	2	1
3	4	2	3	6	3	5	4	3
2	6	1	4	2	1	7	1	2

Answer 70

4	3	2	5	1	2	4	3	5
6	1	7	4	3	6	1	2	1
7	5	3	1	5	2	3	5	4
1	2	4	2	3	1	6	1	3
4	6	7	1	5	2	7	5	2
3	1	5	2	4	1	4	3	4
2	4	3	1	3	2	6	2	1
5	1	6	4	5	1	4	3	4
4	2	3	1	2	3	5	2	1

Answer 71

2	4	2	3	1	6	1	7	4
1	3	5	4	5	2	3	6	1
2	4	1	2	6	1	4	5	3
1	6	5	7	3	5	3	1	2
3	7	2	1	2	4	2	4	5
4	1	3	5	3	1	3	6	7
3	2	4	2	6	4	2	1	2
4	5	6	5	1	3	6	3	4
2	3	1	3	6	5	4	1	2

Answer 72

4	3	5	1	3	2	4	1	3
2	7	2	6	5	1	3	2	4
1	5	3	1	3	4	6	7	1
6	4	7	4	6	2	5	4	2
5	3	1	5	1	7	1	3	1
1	4	2	3	6	4	2	4	2
2	5	6	1	2	1	5	3	1
1	7	2	3	7	3	2	4	2
2	4	6	5	4	6	1	3	1

Answer 73

2	5	3	4	2	5	2	4	7
1	6	1	5	1	3	6	1	6
4	2	3	4	2	5	2	3	4
7	6	7	5	1	4	6	5	1
3	5	1	2	3	2	7	2	3
6	4	3	7	6	4	5	1	7
3	1	6	1	2	1	3	2	6
4	5	3	7	4	5	6	1	5
2	1	4	1	3	2	4	2	3

Answer 74

1	4	3	2	3	2	3	5	6
2	7	1	4	1	4	1	4	3
3	6	3	2	5	2	5	7	1
5	4	1	4	1	3	1	3	2
1	2	3	2	7	5	2	7	4
4	5	7	1	4	6	1	6	5
2	6	3	6	2	3	2	7	4
3	4	5	4	5	1	4	1	3
1	2	3	1	2	3	6	5	2

Answer 75

4	5	2	6	3	1	2	5	3
7	1	3	4	5	6	4	6	1
4	6	5	2	1	7	3	2	3
3	2	1	4	3	4	6	5	1
1	5	3	6	1	2	1	4	2
2	4	1	7	4	3	6	7	3
5	3	2	3	2	1	2	1	4
1	4	6	1	5	3	4	5	2
3	2	7	2	4	1	2	3	1

158

Answer 76

5	2	1	2	1	4	3	2	7
6	3	4	3	5	2	5	4	1
4	2	1	2	1	3	1	3	2
1	3	4	6	7	6	2	4	6
5	6	2	3	1	4	5	7	5
1	7	1	6	5	6	1	4	1
2	4	2	4	3	2	7	3	2
3	1	3	5	1	6	5	1	5
4	2	6	7	4	3	2	4	3

Answer 77

2	4	2	5	1	3	4	2	3
1	3	1	3	4	2	1	6	1
5	2	4	2	1	5	4	7	5
3	6	3	6	3	2	3	2	4
2	1	2	1	4	5	6	1	3
4	3	4	5	3	1	3	4	2
1	5	1	2	4	7	6	1	5
4	2	4	3	1	3	5	3	4
3	1	5	2	6	2	4	2	1

Answer 78

4	3	1	5	1	2	5	3	1
1	5	2	4	3	4	1	7	2
3	4	1	5	1	6	5	3	4
6	5	2	3	2	3	2	1	2
1	3	4	5	4	6	4	3	4
7	2	6	1	2	1	2	1	2
3	1	5	4	3	4	3	4	5
2	4	2	1	7	5	6	2	6
3	1	5	3	4	2	1	4	3

Answer 79

6	1	2	3	4	5	1	5	1
2	3	4	5	1	2	3	6	3
4	1	2	3	4	5	4	2	7
2	3	4	1	2	6	1	6	4
1	5	6	7	3	7	3	7	2
4	2	3	5	2	1	4	5	4
5	1	6	1	4	6	3	2	3
6	3	4	7	3	2	1	4	1
2	7	5	1	4	5	7	3	2

Answer 80

1	5	1	3	1	5	3	2	1
2	4	6	4	7	2	4	6	4
6	7	3	5	3	1	5	3	2
2	1	6	1	7	2	4	1	4
4	5	3	2	6	5	6	2	3
3	2	1	4	1	4	3	1	5
1	5	6	2	3	2	6	2	4
3	2	3	5	4	1	5	1	3
1	4	1	2	7	3	4	2	5

Answer 81

1	4	5	3	7	1	3	4	6
2	7	2	1	4	2	7	5	2
3	6	3	5	6	5	1	4	1
4	1	2	1	4	3	2	5	2
2	3	6	3	2	5	6	1	4
1	4	1	7	4	7	4	5	2
3	7	5	3	1	3	1	6	3
5	4	1	2	4	2	4	2	1
6	2	5	3	6	1	3	7	5

Answer 82

6	1	3	5	6	7	4	1	2
4	2	4	1	3	1	6	3	5
7	1	3	2	6	5	7	4	2
2	5	7	1	4	1	2	3	5
4	1	2	6	7	3	5	4	1
2	3	4	5	1	6	7	6	2
1	5	1	2	3	4	5	4	5
6	2	3	6	5	1	2	3	2
3	5	4	1	2	3	4	1	7

Answer 83

3	5	1	3	4	1	6	2	4
7	6	2	6	2	5	7	5	3
4	5	1	4	3	1	2	4	1
3	2	3	2	7	4	3	5	6
4	7	5	1	6	1	2	1	3
1	2	6	3	4	7	5	7	2
7	3	5	2	6	1	4	1	4
6	4	1	4	5	3	2	3	2
2	3	2	3	1	4	6	1	7

Answer 84

3	1	5	1	2	1	5	3	1
6	4	3	6	3	6	4	2	6
2	1	5	4	1	2	1	5	7
5	6	2	6	5	4	3	4	2
7	4	1	4	3	1	7	1	3
1	2	7	2	7	4	3	5	4
4	3	6	3	1	2	1	6	2
2	5	4	2	6	5	4	5	1
3	1	3	1	4	2	3	2	3

Answer 85

3	1	5	2	4	6	3	2	5
6	4	3	7	1	2	7	1	4
2	1	5	2	5	4	3	6	3
5	6	3	4	1	2	1	4	2
1	4	5	6	7	3	5	7	3
5	3	1	2	1	6	1	2	4
1	2	4	3	5	3	4	3	1
4	3	5	2	4	2	1	2	4
6	2	4	1	6	7	3	5	1

Answer 86

6	1	4	3	2	5	1	3	1
4	3	2	5	1	3	2	4	2
2	1	4	3	6	4	6	5	1
4	3	6	7	1	5	1	3	4
7	5	2	5	3	4	2	5	2
6	4	1	4	2	1	3	1	3
1	5	3	7	3	5	4	2	5
6	2	6	1	4	2	1	7	6
4	1	3	2	5	3	4	2	1

Answer 87

3	1	5	3	2	1	3	4	1
6	4	2	4	5	6	2	7	2
2	5	7	1	3	4	5	4	3
4	1	3	4	2	6	3	2	1
3	2	5	1	5	1	5	4	5
1	7	4	3	2	4	2	6	1
2	6	2	6	1	5	3	4	3
1	3	1	4	3	7	1	2	1
4	5	2	5	6	2	3	4	5

Answer 88

4	2	1	2	3	2	3	2	4
7	6	3	4	5	1	5	1	3
5	1	2	7	2	3	4	2	4
3	6	3	5	4	1	5	1	3
1	4	1	6	2	6	3	2	5
2	5	2	3	4	5	1	4	1
4	3	1	6	1	2	3	5	7
1	5	7	2	3	5	7	1	6
2	3	1	5	1	2	4	3	4

Answer 89

1	4	1	3	4	2	1	4	2
7	5	6	2	6	5	3	6	7
3	4	3	1	4	2	4	2	3
1	6	2	5	6	1	3	5	1
4	5	1	3	2	5	2	6	7
1	2	4	5	4	3	4	3	2
3	6	3	6	1	7	2	5	4
1	2	1	2	5	4	1	6	1
5	3	7	4	1	2	3	4	3

Answer 90

6	4	1	7	4	6	5	1	5
7	2	5	2	3	1	3	2	3
5	1	4	1	7	2	6	1	4
3	2	3	6	4	5	4	3	5
6	1	4	1	2	3	6	1	2
2	3	2	3	6	1	4	5	3
4	5	1	5	7	2	3	2	4
1	2	3	4	3	6	5	1	6
4	5	1	2	1	2	4	3	5

Answer 91

6	2	3	4	1	3	1	4	6
7	1	5	2	5	2	5	2	1
3	4	6	4	1	6	3	4	6
1	5	7	2	3	7	5	1	3
6	3	1	5	4	2	4	2	4
2	5	4	7	1	3	1	5	3
4	1	2	3	2	5	6	4	1
7	3	6	1	6	7	3	5	2
1	4	2	5	3	2	1	6	4

Answer 92

3	4	7	6	2	1	2	4	1
1	2	5	4	3	5	3	6	5
5	4	3	1	2	1	4	2	4
2	1	2	6	4	5	3	1	3
4	5	3	7	2	1	2	6	4
6	7	4	1	4	3	5	3	1
5	3	6	2	5	6	7	2	5
1	7	5	4	1	3	1	3	1
3	2	1	3	2	4	2	4	5

Answer 93

3	5	1	3	5	3	4	2	5
1	6	2	4	2	6	5	1	6
2	4	1	3	1	4	2	3	2
5	3	6	4	2	3	1	7	1
4	2	7	3	5	6	5	2	4
1	5	1	4	7	2	3	1	7
3	4	2	5	3	1	6	4	5
1	6	1	4	2	4	5	1	3
5	3	2	7	3	1	2	6	4

Answer 94

5	2	4	5	6	7	4	3	6
4	6	3	1	3	1	5	1	2
3	1	2	5	4	2	4	6	7
2	4	6	3	1	5	3	1	2
1	3	1	2	4	7	2	4	3
2	4	5	3	5	3	1	6	5
1	3	1	2	1	2	7	2	4
2	4	7	3	4	3	5	3	1
1	3	6	2	5	1	6	2	4

Answer 95

1	5	7	3	4	7	4	1	3
4	2	1	6	2	1	2	6	2
1	6	5	7	3	4	5	3	1
2	3	2	6	1	7	6	4	2
4	5	4	3	4	2	5	1	3
1	6	1	2	1	3	7	2	4
4	7	3	4	5	2	1	6	7
5	1	2	1	7	4	3	2	5
3	6	7	6	3	2	5	4	3

Answer 96

1	2	3	1	4	1	5	3	1
6	5	4	6	7	2	4	2	4
2	3	2	1	5	3	1	5	1
4	1	4	3	4	6	2	4	3
2	3	7	1	2	5	3	7	2
6	5	6	5	4	6	2	1	3
1	7	3	1	7	3	5	6	5
3	5	4	2	4	1	4	3	1
2	1	3	1	5	2	6	2	4

Answer 97

3	1	2	1	4	5	4	1	3
6	5	4	5	2	3	6	7	2
4	3	2	6	4	1	5	1	3
2	1	4	1	3	2	4	2	4
5	3	6	7	5	7	6	1	5
4	1	4	3	2	4	2	3	2
6	3	5	7	5	3	1	5	1
1	2	1	4	1	2	6	3	4
5	3	6	2	5	3	4	1	2

Answer 98

5	4	1	6	7	4	2	1	5
1	3	2	3	2	5	3	4	3
2	6	1	5	1	4	1	7	1
3	4	3	4	6	2	5	3	6
5	2	1	2	7	4	1	2	5
1	4	7	4	1	3	5	3	6
6	5	6	3	5	2	4	2	1
2	7	2	1	4	3	6	3	7
3	4	5	3	2	1	4	2	5

Answer 99

7	4	5	2	1	3	4	5	2
2	1	3	6	4	6	1	3	1
3	6	2	1	2	5	2	4	7
5	1	3	6	4	6	1	3	1
4	2	5	2	1	3	2	4	6
1	3	7	6	4	7	5	1	2
4	5	4	3	2	3	2	4	5
2	3	1	5	1	5	7	6	1
5	6	4	7	3	2	4	5	3

Answer 100

5	3	1	3	1	2	3	4	5
2	4	2	5	4	6	1	2	1
3	6	7	1	7	2	5	4	3
4	2	3	5	4	1	6	1	6
3	1	4	2	3	2	7	5	3
2	5	3	1	4	6	3	4	1
1	4	6	2	7	2	5	2	7
2	5	1	3	4	3	1	3	4
1	3	4	5	1	2	4	2	5

Answer 101

2	3	4	6	1	3	1	3	4
1	5	1	3	5	2	4	5	2
6	2	7	4	6	1	3	1	4
4	1	5	1	2	7	4	6	2
7	2	7	6	3	5	3	1	7
5	3	4	2	1	7	2	5	3
7	6	5	3	6	4	3	4	2
2	4	1	4	2	5	1	5	1
1	3	2	3	1	4	6	2	3

Answer 102

6	1	2	1	2	4	3	4	3
4	7	5	3	5	1	5	2	5
2	6	1	2	4	3	7	4	6
7	5	4	6	1	6	1	3	1
1	3	7	3	7	4	2	4	2
4	2	1	5	6	3	6	3	1
3	6	4	3	1	5	2	5	2
1	5	2	7	2	4	3	7	4
2	3	4	5	1	6	5	1	2

Answer 103

6	5	1	2	1	5	3	1	2
1	2	4	3	7	4	2	4	5
4	3	7	2	1	3	1	6	1
2	1	4	3	4	2	4	3	4
3	5	6	1	6	5	6	5	2
4	7	4	2	3	4	3	4	3
5	2	1	5	1	7	2	1	2
1	4	3	2	6	4	3	6	3
3	2	6	5	3	1	2	1	4

Answer 104

1	5	4	3	4	5	2	6	2
2	3	2	5	2	1	3	1	4
5	4	1	6	4	7	5	2	3
3	2	7	5	3	2	1	4	1
4	1	4	6	1	4	3	6	5
2	3	2	3	2	7	5	7	4
1	5	1	6	5	6	1	3	2
3	2	3	4	1	3	4	5	4
1	4	1	6	2	7	2	1	3

Answer 105

5	3	6	5	3	2	4	2	4
1	7	4	2	7	1	3	5	1
4	2	3	1	6	2	6	4	3
3	1	6	4	3	5	1	5	1
5	2	7	5	1	4	2	4	3
7	6	4	3	2	6	5	1	2
3	2	1	7	5	1	4	3	4
5	4	6	2	3	6	2	1	5
1	2	3	5	1	7	4	3	2

Answer 106

2	3	5	6	4	2	3	4	1
4	1	2	3	7	1	6	2	3
2	3	4	5	4	2	3	4	1
1	5	6	2	1	7	5	7	5
4	2	3	4	3	4	1	4	2
1	6	7	6	2	6	2	7	3
3	4	1	5	4	5	1	6	1
2	5	3	7	3	2	7	3	4
3	1	4	5	1	6	5	1	2

Answer 107

1	3	5	4	5	1	2	4	2
2	4	2	6	3	4	3	5	1
3	1	3	1	7	6	1	2	3
7	2	4	5	4	5	3	4	5
3	1	3	2	1	2	1	2	1
4	2	4	6	3	4	5	4	3
5	6	1	5	7	2	3	1	2
1	2	3	4	3	1	7	5	3
3	4	1	5	2	6	2	1	2

Answer 108

1	4	5	3	2	4	3	5	1
6	2	6	1	6	7	1	2	4
5	3	4	7	4	5	6	3	1
2	1	5	1	3	7	2	5	4
7	3	4	2	5	1	3	7	2
2	6	1	3	4	6	2	6	1
3	5	4	7	2	3	5	4	7
6	1	3	6	5	4	2	1	5
2	5	4	1	3	1	3	4	2

Answer 109

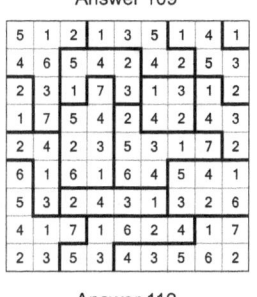

5	1	2	1	3	5	1	4	1
4	6	5	4	2	4	2	5	3
2	3	1	7	3	1	3	1	2
1	7	5	4	2	4	2	4	3
2	4	2	3	5	3	1	7	2
6	1	6	1	6	4	5	4	1
5	3	2	4	3	1	3	2	6
4	1	7	1	6	2	4	1	7
2	3	5	3	4	3	5	6	2

Answer 110

7	6	5	2	4	5	3	1	3
2	4	1	3	6	1	2	4	6
3	6	2	4	7	4	3	7	1
7	5	1	3	6	1	2	4	3
2	3	4	5	4	3	6	5	2
1	6	1	2	1	2	1	3	1
4	5	3	5	4	5	4	5	4
2	6	2	1	6	1	2	1	2
1	3	5	4	2	3	4	7	3

Answer 111

5	4	2	1	6	3	1	2	3
6	3	5	3	4	2	5	4	1
2	1	4	6	1	3	1	3	2
3	7	3	7	2	4	2	4	5
5	4	2	1	6	5	3	6	1
2	6	3	4	2	4	2	4	2
1	4	1	5	1	3	1	3	1
2	5	2	3	2	5	4	7	2
1	3	4	5	4	3	1	5	1

Answer 112

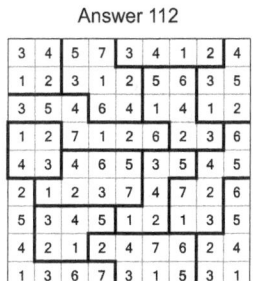

3	4	5	7	3	4	1	2	4
1	2	3	1	2	5	6	3	5
3	5	4	6	4	1	4	1	2
1	2	7	1	2	6	2	3	6
4	3	4	6	5	3	5	4	5
2	1	2	3	7	4	7	2	6
5	3	4	5	1	2	1	3	5
4	2	1	2	4	7	6	2	4
1	3	6	7	3	1	5	3	1

Answer 113

5	2	3	1	5	2	1	4	6
1	4	5	4	3	4	3	2	3
5	3	7	6	1	2	5	1	5
6	2	1	2	4	3	6	4	6
1	5	4	6	1	2	1	7	5
4	2	3	7	3	5	3	4	2
3	1	5	4	1	4	2	1	3
2	4	2	3	6	5	6	7	2
6	5	7	5	1	3	2	4	1

Answer 114

5	4	2	5	4	3	2	4	1
3	1	3	1	2	1	5	3	5
6	5	2	6	3	4	2	1	2
2	1	4	7	5	6	3	6	4
4	5	3	1	2	4	1	5	1
6	2	4	7	3	5	3	2	7
1	3	1	6	4	6	4	6	3
2	5	4	5	1	2	1	2	1
3	1	3	2	4	5	6	7	3

Answer 115

2	3	4	1	4	3	4	1	2
5	6	5	3	2	7	2	3	4
1	3	1	4	1	6	5	6	1
6	5	2	7	2	3	4	3	4
1	4	1	3	5	1	2	1	5
3	7	5	2	4	3	6	4	2
2	4	3	6	1	2	1	3	1
3	1	2	5	4	5	6	5	7
2	6	4	3	2	3	4	2	1

Answer 116

4	3	1	2	5	4	3	6	1
1	5	6	3	7	2	1	2	5
7	2	1	4	6	4	3	4	7
1	3	6	3	2	1	7	5	1
2	4	2	5	6	5	6	2	4
3	6	7	4	1	3	1	3	1
1	5	1	3	2	4	5	2	5
7	4	6	7	5	3	6	1	3
1	2	3	4	2	1	2	4	2

Answer 117

1	4	5	2	4	3	7	4	5
2	6	1	3	1	2	1	6	2
4	7	5	6	5	4	3	7	1
3	2	3	1	3	2	1	4	3
1	7	6	5	4	7	5	6	2
4	3	4	1	2	1	4	1	3
5	1	2	5	4	5	3	6	2
2	7	6	3	1	2	4	7	1
1	3	4	2	5	3	1	2	3

Answer 118

1	3	1	5	6	3	1	3	2
2	7	6	2	4	7	4	5	1
5	4	3	1	5	1	2	7	4
1	2	5	2	3	4	6	3	1
5	3	4	7	1	7	5	2	6
2	1	5	3	2	3	4	1	4
7	4	6	1	4	1	6	3	2
1	2	5	7	2	3	2	4	5
3	4	3	1	6	4	5	1	2

Answer 119

6	3	4	7	5	1	5	1	3
2	5	2	6	2	3	7	2	4
1	3	4	1	7	6	4	1	5
7	2	6	3	5	2	3	2	4
6	1	4	7	6	1	4	1	5
4	5	2	1	5	2	5	3	6
7	3	4	3	6	3	1	2	1
1	5	6	2	7	5	4	3	5
4	2	3	4	1	3	2	7	4

Answer 120

2	5	1	2	1	3	5	4	2
4	3	4	3	5	6	1	3	1
7	5	2	7	4	7	2	5	2
6	3	1	3	6	1	4	3	4
1	4	2	4	5	2	5	7	1
2	3	6	1	6	1	3	6	5
4	1	4	2	3	2	4	2	1
3	7	5	1	5	7	1	5	4
1	2	3	4	6	2	3	7	1

Answer 121

6	1	4	2	3	1	5	4	2
7	5	6	5	6	4	3	1	3
4	2	7	2	3	1	5	2	5
3	1	4	1	5	6	3	1	4
4	5	2	6	7	4	2	6	2
2	1	3	1	3	5	1	5	7
6	7	6	4	2	7	3	4	3
3	4	3	1	3	6	1	7	6
2	5	2	5	4	5	4	2	1

Answer 122

2	3	1	3	5	3	6	5	2
4	5	4	2	4	7	1	4	1
3	1	6	1	6	3	6	2	3
2	4	3	4	5	1	5	7	4
1	7	2	1	6	4	2	1	2
5	4	5	3	2	5	3	6	3
6	3	2	1	4	1	7	2	4
1	4	5	3	5	6	3	1	5
3	2	1	2	1	4	2	4	7

Answer 123

2	4	7	4	1	3	2	3	2
3	1	6	3	2	4	1	5	4
4	5	2	5	1	5	3	2	1
1	3	1	4	3	4	1	4	6
6	5	2	5	1	2	6	3	7
1	4	6	3	6	7	4	1	2
2	3	2	4	2	5	2	5	3
7	1	6	5	3	1	3	6	2
3	2	4	1	4	5	4	1	3

Answer 124

7	2	4	1	4	2	1	6	3
3	1	5	6	3	5	3	2	5
2	4	3	1	2	1	4	1	4
3	1	2	4	3	5	3	5	2
2	5	3	6	2	4	2	4	7
3	4	1	5	7	5	1	3	6
1	6	2	4	1	4	2	5	1
5	3	1	5	2	5	1	6	3
1	4	2	3	4	3	2	4	1

Answer 125

3	2	4	3	2	5	1	3	4
1	5	1	7	1	4	2	6	2
4	2	3	6	3	5	1	4	5
3	1	4	2	4	2	3	2	6
4	2	3	1	5	7	6	1	3
5	1	4	7	6	3	2	5	4
4	3	6	1	5	7	6	1	2
1	2	7	3	2	3	4	5	3
7	5	1	6	4	5	2	1	4

Answer 126

1	2	3	2	3	1	2	1	4
4	5	4	1	5	6	3	5	3
1	2	3	2	4	1	4	6	4
3	5	1	6	5	2	5	1	2
2	4	7	2	1	3	4	3	7
1	3	1	3	4	2	1	2	1
2	6	2	6	5	7	5	4	6
3	5	4	3	1	6	1	3	5
4	6	7	5	2	4	7	2	1

Answer 127

2	4	1	2	4	3	7	5	6
1	5	3	6	1	5	6	1	3
2	4	2	5	3	2	3	5	4
1	3	1	4	1	4	1	7	2
5	6	7	6	5	2	3	5	4
2	1	3	4	1	4	1	2	3
6	5	7	2	5	2	3	5	4
2	1	6	4	3	4	7	2	1
4	5	3	1	2	1	6	3	5

Answer 128

3	2	3	2	1	5	4	1	4
5	4	5	6	4	2	3	6	5
1	2	3	2	1	7	5	2	1
3	6	1	7	3	4	1	6	3
1	5	4	5	6	2	5	2	4
3	2	6	1	7	4	1	3	1
4	1	4	3	2	5	2	5	2
2	5	7	6	4	3	4	1	3
3	4	2	1	5	1	6	2	7

Answer 129

1	3	4	6	7	5	2	3	1
2	5	2	1	4	3	6	4	2
4	3	4	7	5	2	1	3	5
6	1	5	2	6	4	5	4	2
7	4	3	1	3	1	3	1	3
2	5	7	2	5	6	4	2	7
7	3	1	4	1	7	1	3	1
6	5	2	6	3	4	5	6	4
4	1	3	5	2	1	2	1	2

Answer 130

4	7	1	4	3	5	2	4	3
6	3	5	6	2	4	6	5	1
2	1	2	1	5	3	2	3	4
3	7	4	3	2	7	1	7	2
5	1	6	5	1	5	2	5	1
6	7	3	2	6	3	6	3	2
4	2	4	1	4	7	1	4	1
3	1	5	2	5	3	2	5	6
4	2	3	4	1	4	1	3	4

Answer 131

1	2	4	3	1	7	6	2	3
3	5	1	2	5	2	5	4	1
1	4	3	4	1	4	1	3	2
3	5	6	2	7	2	5	4	1
4	2	3	5	6	4	3	2	5
3	1	6	4	1	2	5	4	3
5	4	2	7	3	4	7	1	5
1	6	1	5	6	1	5	3	2
4	2	3	7	2	3	2	4	1

Answer 132

2	3	4	1	2	1	3	7	4
5	7	2	6	3	4	5	1	2
4	3	1	4	1	2	3	6	3
7	5	7	2	3	4	5	2	1
6	4	3	1	6	1	6	4	3
3	1	2	5	7	5	2	7	1
2	4	7	3	4	3	1	6	2
5	1	6	2	1	7	2	3	5
4	2	4	5	3	5	6	4	1

Answer 133

1	5	6	3	4	1	2	3	1
4	3	2	1	2	7	6	4	2
2	5	6	3	4	1	2	3	5
4	3	4	1	7	3	4	1	6
1	2	5	3	5	2	5	2	3
5	3	1	7	4	1	3	6	4
4	2	6	2	3	2	5	1	5
3	1	4	1	4	1	4	3	4
2	5	2	5	3	5	6	2	1

Answer 134

7	4	2	1	2	1	5	2	3
1	5	3	6	3	4	7	1	5
6	4	2	5	1	6	3	6	4
5	3	1	4	3	4	5	1	2
1	2	6	2	6	2	3	4	3
3	7	5	4	5	4	1	2	7
1	2	6	2	1	3	5	4	1
3	5	1	3	6	4	2	7	3
1	2	4	5	2	1	3	4	2

Answer 135

5	3	2	1	4	2	1	3	2
6	1	4	5	6	3	4	5	4
4	7	6	7	2	1	2	6	1
2	3	5	1	4	3	7	4	3
5	1	2	3	6	1	2	5	1
2	3	4	1	4	3	4	3	6
4	1	5	3	2	5	1	2	1
5	3	4	1	7	4	6	3	5
2	1	6	3	2	5	2	4	1

Answer 136

6	2	1	3	5	1	5	4	1
5	7	4	7	2	4	2	7	6
4	3	2	1	3	1	3	5	3
5	6	4	7	6	7	2	1	2
1	3	1	3	2	3	5	4	3
2	5	6	4	6	1	6	1	2
3	4	2	1	3	2	7	5	4
5	1	6	7	4	5	3	1	7
4	2	4	3	1	6	2	5	4

Answer 137

3	5	1	6	4	2	5	3	6
4	6	3	2	1	3	7	4	1
1	2	4	5	4	2	1	3	2
4	3	1	2	1	3	7	4	1
2	6	5	3	7	4	6	2	5
1	3	4	1	2	3	1	3	1
4	7	2	5	6	4	2	4	2
2	1	3	1	7	3	1	3	1
3	6	4	5	2	4	5	6	2

Answer 138

1	2	4	6	4	1	4	2	3
5	6	5	3	5	2	3	6	1
3	1	2	7	1	7	4	5	2
2	4	5	3	6	5	3	1	3
1	3	7	4	1	2	6	2	4
2	6	5	3	6	7	4	3	5
4	1	4	1	2	3	1	7	1
5	6	2	6	4	5	2	6	4
3	1	4	7	2	1	3	5	1

Answer 139

6	2	1	5	3	2	5	2	4
4	5	3	2	7	4	3	6	1
7	6	1	4	1	5	1	4	2
3	5	2	3	6	2	6	5	1
4	7	4	1	5	4	3	2	3
1	5	3	2	6	2	1	4	1
3	2	1	4	3	4	3	2	3
1	4	7	2	6	1	5	1	5
2	3	5	1	4	2	3	4	3

Answer 140

4	3	1	7	3	1	7	5	1
2	5	4	2	5	4	3	2	6
4	1	6	3	1	2	6	5	1
2	3	4	2	4	3	4	3	4
5	1	6	7	1	2	5	1	2
2	3	4	3	6	4	3	4	6
5	1	7	1	2	1	2	7	2
2	4	2	5	3	5	4	1	5
3	1	3	1	4	1	3	2	3

Answer 141

1	3	1	5	2	4	3	2	1
2	4	2	4	1	6	1	4	3
5	1	5	3	5	2	3	5	2
4	3	2	4	1	6	4	1	4
6	1	7	3	5	2	3	5	2
5	3	4	1	6	7	4	1	3
2	1	2	5	3	1	3	2	4
6	3	4	1	2	5	7	1	3
4	1	2	5	4	3	2	4	6

Answer 142

1	2	1	2	1	3	2	7	2
4	3	4	7	4	5	4	6	1
1	5	1	5	3	2	1	3	2
2	6	2	4	6	4	7	5	1
3	7	3	1	2	3	6	2	6
2	5	4	5	4	1	4	1	4
3	1	3	6	7	2	5	3	2
5	2	7	1	4	3	4	1	6
1	4	3	2	6	1	7	3	5

Answer 143

3	6	4	6	1	4	1	6	2
5	2	1	2	5	2	3	7	3
1	3	7	4	3	4	1	4	2
4	5	1	2	5	2	7	5	3
2	3	4	6	3	4	6	4	1
1	6	1	2	1	2	3	7	2
3	4	5	3	5	4	5	1	3
2	1	2	1	7	1	2	6	7
4	3	6	3	5	4	3	1	2

Answer 144

1	6	3	1	7	3	6	2	1
4	2	4	2	5	4	1	4	5
1	3	5	3	1	2	3	2	1
5	6	1	2	4	5	6	4	5
4	2	3	5	3	1	3	2	7
3	6	1	4	2	6	4	6	4
1	4	2	3	7	3	2	1	3
5	6	5	1	4	5	7	4	2
1	7	4	2	3	1	2	3	1

Answer 145

3	2	1	5	1	6	3	5	7
1	5	4	2	4	2	4	6	4
3	2	1	3	5	3	1	3	2
5	4	6	4	1	4	2	5	1
3	2	1	3	2	5	7	4	3
6	4	5	4	1	4	6	1	2
2	1	7	2	5	2	3	4	5
4	6	3	1	3	1	5	1	2
3	1	5	7	2	4	6	7	3

Answer 146

1	2	5	2	4	5	3	2	1
5	3	1	3	1	2	1	4	3
4	2	6	4	6	4	7	2	1
1	7	5	3	1	2	5	3	4
3	2	4	2	4	3	1	6	5
4	5	1	5	6	2	4	3	1
1	3	7	2	4	3	1	2	5
4	2	1	5	1	7	6	3	4
1	3	4	2	6	3	1	2	1

Answer 147

1	2	3	1	2	5	7	2	1
6	5	4	7	6	4	1	4	5
3	7	1	3	1	3	5	3	2
1	4	2	4	6	2	1	6	1
6	5	1	5	3	4	5	4	3
4	2	3	2	7	2	3	7	6
7	1	6	4	5	6	4	2	4
5	3	2	3	1	3	1	5	3
2	4	1	5	7	6	4	2	1

Answer 148

4	2	5	1	2	1	5	4	2
1	3	4	3	4	3	7	1	3
5	2	6	1	5	1	6	5	4
7	3	5	2	4	2	3	1	7
5	1	4	3	6	5	7	2	6
3	2	6	7	4	3	4	1	5
4	7	4	2	1	6	2	3	2
1	3	1	5	4	3	1	6	1
2	6	2	3	1	2	5	4	3

Answer 149

3	4	1	2	3	1	6	1	2
1	7	5	4	5	4	2	4	3
3	2	1	7	2	6	3	1	2
1	4	3	5	3	1	2	5	3
3	6	2	4	2	4	6	4	1
4	5	1	5	6	7	5	3	5
1	2	6	2	1	3	2	4	7
4	5	4	3	4	5	1	6	1
1	3	2	1	2	3	4	2	3

Answer 150

1	2	3	4	7	2	1	4	5
4	6	5	2	1	4	6	3	7
2	3	7	4	6	3	5	2	1
1	6	5	1	2	1	4	3	6
3	7	3	4	3	5	7	5	2
4	6	5	1	2	4	6	1	3
7	1	2	3	5	1	7	5	4
4	3	5	1	4	2	3	1	2
6	2	7	2	3	5	4	6	7

163

Answer 151

1	2	6	1	4	6	5	1	2
6	7	4	5	3	7	2	6	4
4	5	1	2	6	1	3	5	3
2	3	7	4	3	5	2	4	2
1	4	5	2	1	4	1	3	1
3	7	1	4	3	7	2	6	4
5	6	3	5	1	6	1	3	7
3	4	2	4	2	3	5	4	2
2	5	1	3	1	4	2	3	1

Answer 152

5	4	2	1	3	1	3	4	1
2	7	3	6	2	4	2	7	2
5	6	1	5	3	5	3	5	3
4	3	2	4	2	1	2	6	1
1	6	1	3	5	4	5	3	4
2	3	4	7	1	3	1	7	2
4	1	6	5	4	2	6	4	1
5	3	4	2	1	5	3	2	6
1	6	1	3	4	2	1	5	4

Answer 153

2	4	2	5	1	3	4	2	3
1	3	1	3	4	2	1	6	1
5	2	4	2	1	5	4	7	5
3	6	3	6	3	2	3	2	4
2	1	2	1	4	5	6	1	3
4	3	4	5	3	1	3	4	2
1	5	1	2	4	7	6	1	5
4	2	4	3	1	3	5	3	4
3	1	5	2	6	2	4	2	1

Answer 154

3	2	3	2	1	5	4	1	4
5	4	5	6	4	2	3	6	5
1	2	3	2	1	7	5	2	1
3	6	1	7	3	4	1	6	3
1	5	4	5	6	2	5	2	4
3	2	6	1	7	4	1	3	1
4	1	4	3	2	5	2	5	2
2	5	7	6	4	3	4	1	3
3	4	2	1	5	1	6	2	7

Answer 155

3	2	3	4	7	6	5	2	4
5	4	5	1	3	1	3	1	5
6	7	2	6	2	5	2	4	6
1	4	5	7	1	6	3	1	3
7	2	3	4	3	2	5	4	2
6	1	5	1	5	4	1	7	1
5	2	4	2	3	2	3	6	4
3	6	5	1	4	7	5	1	3
2	1	4	3	5	2	6	4	7

Answer 156

3	6	1	3	2	4	2	3	4
5	2	5	4	1	6	5	1	2
1	4	7	3	7	2	7	4	6
2	3	2	1	5	3	6	2	1
4	6	4	6	4	2	1	4	3
1	2	1	5	3	5	3	5	7
3	4	3	6	7	1	4	2	1
1	5	2	5	4	2	5	6	3
2	3	4	1	3	1	4	7	1

Answer 157

3	5	3	1	6	2	1	5	1
4	2	4	2	7	5	4	3	2
1	5	6	3	4	3	6	7	1
4	3	7	1	2	5	2	3	2
1	6	5	4	3	4	1	4	1
2	3	2	1	2	5	2	5	3
1	4	6	3	4	1	4	6	4
3	5	1	5	2	5	2	7	1
4	2	4	3	1	3	1	5	2

Answer 158

1	4	2	4	5	2	6	4	2
6	5	3	7	3	1	3	1	3
1	4	1	4	5	6	2	5	4
2	3	5	3	1	3	4	3	1
5	1	2	4	2	5	2	5	2
3	7	3	7	3	1	3	4	1
4	1	4	5	4	5	2	7	6
2	6	3	6	2	1	4	3	2
1	4	2	1	4	3	2	1	5

Answer 159

5	2	4	5	6	7	4	3	6
4	6	3	1	3	1	5	1	2
3	1	2	5	4	2	4	6	7
2	4	6	3	1	5	3	1	2
1	3	1	2	4	7	2	4	3
2	4	5	3	5	3	1	6	5
1	3	1	2	1	2	7	2	4
2	4	7	3	4	3	5	3	1
1	3	6	2	5	1	6	2	4

Answer 160

1	4	2	1	5	1	2	3	1
2	3	5	3	6	7	4	5	2
1	4	6	2	4	2	1	6	3
6	7	3	5	3	5	7	2	4
3	5	4	2	4	2	3	1	5
4	2	7	1	6	1	6	4	2
1	6	3	5	3	4	5	1	5
3	4	1	4	2	1	6	2	3
5	2	3	5	3	4	5	4	1

Answer 161

3	1	2	1	2	1	7	2	4
6	4	7	4	5	6	3	5	1
5	1	3	1	3	4	1	2	3
3	4	2	4	5	2	5	7	6
2	5	3	1	3	6	1	2	3
4	6	7	4	5	4	5	4	1
2	1	5	1	2	1	2	3	2
3	7	6	3	6	3	4	1	4
2	1	4	5	1	7	2	5	3

Answer 162

3	4	5	1	3	4	1	2	1
1	7	3	2	6	2	3	5	4
2	6	5	4	3	5	4	2	3
4	3	1	7	1	2	1	5	1
2	5	2	6	3	4	7	4	6
6	1	4	5	1	2	5	1	2
4	5	3	2	4	6	3	7	3
1	7	6	7	3	2	5	4	5
3	4	2	1	6	1	3	2	1

Answer 163

1	4	3	2	3	2	3	5	6
2	7	1	4	1	4	1	4	3
3	6	3	2	5	2	5	7	1
5	4	1	4	1	3	1	3	2
1	2	3	2	7	5	2	7	4
4	5	7	1	4	6	1	6	5
2	6	3	6	2	3	2	7	4
3	4	5	4	5	1	4	1	3
1	2	3	1	2	3	6	5	2

Answer 164

2	3	4	6	1	3	1	3	4
1	5	1	3	5	2	4	5	2
6	2	7	4	6	1	3	1	4
4	1	5	1	2	7	4	6	2
7	2	7	6	3	5	3	1	7
5	3	4	2	1	7	2	5	3
7	6	5	3	6	4	3	4	2
2	4	1	4	2	5	1	5	1
1	3	2	3	1	4	6	2	3

Answer 165

2	4	2	5	1	7	1	2	6
3	5	1	7	3	4	5	4	5
1	4	3	4	6	1	3	7	3
3	2	1	5	3	2	4	1	6
1	4	3	2	7	5	6	7	2
2	6	1	5	1	3	1	4	1
5	4	3	2	4	2	5	3	2
1	2	6	1	5	6	1	4	6
5	3	4	2	4	3	7	5	7

Answer 166

1	2	3	6	5	2	5	2	3
4	5	1	2	1	4	6	1	4
3	7	4	3	5	2	7	5	3
4	1	6	2	4	3	4	6	2
3	2	3	1	7	1	2	3	1
7	5	4	5	6	5	6	4	6
2	3	1	3	4	1	2	3	2
4	6	5	2	7	6	5	7	5
1	2	3	4	1	3	1	4	1

Answer 167

1	2	4	5	3	4	5	6	4
5	6	3	2	6	1	2	3	2
4	1	5	4	3	4	6	4	7
2	3	7	2	5	1	7	3	1
6	5	1	3	4	3	5	2	5
3	4	6	2	1	2	6	3	1
1	2	3	5	3	4	1	2	7
4	5	4	1	2	6	5	4	5
1	2	3	5	3	4	1	2	1

Answer 168

2	1	5	1	5	6	2	4	5
3	4	3	4	2	4	3	1	3
2	1	2	1	7	1	5	2	4
6	5	4	3	2	3	6	3	5
3	2	1	5	4	1	7	4	1
1	5	4	3	2	3	6	3	2
4	7	2	5	1	5	1	5	4
2	1	3	4	2	4	7	2	6
4	5	7	6	3	1	6	3	1

Answer 169

1	4	5	2	4	3	7	4	5
2	6	1	3	1	2	1	6	2
4	7	5	6	5	4	3	7	1
3	2	3	1	3	2	1	4	3
1	7	6	5	4	7	5	6	2
4	3	4	1	2	1	4	1	3
5	1	2	5	4	5	3	6	2
2	7	6	3	1	2	4	7	1
1	3	4	2	5	3	1	2	3

Answer 170

3	2	1	2	3	5	6	3	4
4	5	4	6	1	2	1	2	5
2	3	1	2	4	5	4	3	1
1	4	5	3	6	3	1	7	4
3	2	7	2	1	5	4	6	2
1	5	1	4	3	7	3	1	3
3	4	2	6	2	4	2	4	6
2	1	3	1	3	5	6	1	5
5	4	6	7	2	1	4	3	2

Answer 171

1	7	5	3	2	4	5	2	4
5	4	6	1	6	1	6	1	3
2	3	2	5	7	2	4	7	4
6	1	4	3	1	3	1	2	3
7	3	7	2	4	5	7	6	1
2	5	1	5	3	6	2	5	7
1	4	3	4	2	4	3	4	6
3	2	1	6	1	6	1	2	1
5	4	5	2	3	4	5	3	5

Answer 172

1	7	3	4	5	2	1	2	3
2	4	5	2	1	7	3	4	1
3	1	3	4	6	4	1	2	5
2	5	2	1	5	3	6	3	4
6	4	3	7	4	1	5	2	1
3	2	1	2	3	2	7	6	5
5	7	5	4	1	6	5	3	4
1	3	1	2	7	2	4	2	5
4	6	4	5	3	6	1	3	1

Answer 173

1	6	3	2	1	4	3	4	1
3	2	5	4	3	2	6	2	5
4	1	3	1	5	4	5	1	4
2	5	6	2	3	2	3	2	3
4	1	4	1	4	1	5	1	5
3	2	3	2	6	2	7	4	6
1	4	6	1	4	3	1	3	1
3	5	2	5	2	5	2	5	2
2	4	1	7	3	1	6	4	3

Answer 174

2	6	5	7	1	6	1	3	2
4	3	1	3	4	3	5	6	4
6	2	6	2	1	2	4	1	5
5	4	5	7	5	7	3	6	2
1	3	1	4	3	2	4	1	3
4	2	5	2	5	7	6	5	4
5	3	1	6	3	4	2	1	3
2	4	2	4	5	7	6	5	2
3	1	3	1	2	1	3	4	1

Answer 175

1	2	5	1	3	6	2	6	2
4	3	6	4	2	1	4	1	3
5	2	5	1	5	3	7	6	5
3	1	3	4	7	4	1	2	4
6	4	5	2	1	2	6	5	1
3	2	6	4	7	3	4	3	4
7	1	5	1	5	1	6	2	1
3	4	2	3	6	3	5	4	3
2	6	1	4	2	1	7	1	2

Answer 176

4	5	1	2	3	4	1	4	3
2	6	3	5	7	2	5	6	1
7	1	4	2	1	4	1	2	5
2	3	5	3	7	2	3	6	3
5	6	1	6	1	4	5	4	1
4	7	2	3	5	7	2	3	5
1	3	1	4	1	3	5	4	1
2	4	2	5	6	2	1	2	6
1	3	6	4	7	5	4	3	1

Answer 177

3	5	1	6	4	2	5	3	6
4	6	3	2	1	3	7	4	1
1	2	4	5	4	2	1	3	2
4	3	1	2	1	3	7	4	1
2	6	5	3	7	4	6	2	5
1	3	4	1	2	3	1	3	1
4	7	2	5	6	4	2	4	2
2	1	3	1	7	3	1	3	1
3	6	4	5	2	4	5	6	2

Answer 178

4	3	2	1	3	1	5	4	3
1	6	5	7	4	2	3	1	5
4	2	1	3	1	6	4	2	6
1	3	5	6	4	2	1	5	4
4	2	4	2	7	5	3	2	1
6	5	3	5	4	2	1	4	3
2	1	2	1	3	6	3	2	1
3	5	7	4	5	2	4	6	4
1	6	3	2	1	3	5	7	5

Answer 179

3	2	4	3	2	5	1	3	4
1	5	1	7	1	4	2	6	2
4	2	3	6	3	5	1	4	5
3	1	4	2	4	2	3	2	6
4	2	3	1	5	7	6	1	3
5	1	4	7	6	3	2	5	4
4	3	6	1	5	7	6	1	2
1	2	7	3	2	3	4	5	3
7	5	1	6	4	5	2	1	4

Answer 180

5	3	1	2	1	3	1	2	4
7	6	5	6	5	4	5	3	5
1	2	4	3	1	3	2	4	2
4	3	1	7	2	4	1	3	1
7	6	5	6	1	7	2	6	4
4	1	2	3	2	4	3	5	3
2	6	4	1	7	5	7	4	2
5	3	5	3	4	6	3	6	5
1	2	4	6	1	2	5	7	1

Answer 181

6	5	1	2	5	3	6	5	2
4	2	4	3	6	1	4	1	7
1	3	7	1	5	2	3	2	3
5	4	2	4	3	4	7	1	6
2	1	3	1	2	1	5	2	5
3	4	2	6	4	3	4	1	4
5	1	5	1	2	1	2	3	6
2	6	3	7	4	5	4	7	5
3	1	4	2	3	6	2	1	3

Answer 182

4	3	5	1	3	2	4	1	3
2	7	2	6	5	1	3	2	4
1	5	3	1	3	4	6	7	1
6	4	7	4	6	2	5	4	2
5	3	1	5	1	7	1	3	1
1	4	2	3	6	4	2	4	2
2	5	6	1	2	1	5	3	1
1	7	2	3	7	3	2	4	2
2	4	6	5	4	6	1	3	1

Answer 183

6	1	2	3	4	5	1	5	1
2	3	4	5	1	2	3	6	3
4	1	2	3	4	5	4	2	7
2	3	4	1	2	6	1	6	4
1	5	6	7	3	7	3	7	2
4	2	3	5	2	1	4	5	4
5	1	6	1	4	6	3	2	3
6	3	4	7	3	2	1	4	1
2	7	5	1	4	5	7	3	2

Answer 184

6	3	4	7	5	1	5	1	3
2	5	2	6	2	3	7	2	4
1	3	4	1	7	6	4	1	5
7	2	6	3	5	2	3	2	4
6	1	4	7	6	1	4	1	5
4	5	2	1	5	2	5	3	6
7	3	4	3	6	3	1	2	1
1	5	6	2	7	5	4	3	5
4	2	3	4	1	3	2	7	4

Answer 185

1	5	1	2	4	5	4	3	4
4	7	6	3	1	3	1	7	2
3	2	5	2	5	2	5	4	5
1	4	3	7	4	3	1	2	3
6	2	1	2	1	5	7	6	1
4	3	5	3	4	6	2	3	4
2	1	2	6	2	5	1	6	2
4	5	4	3	1	4	2	3	5
1	3	1	6	5	3	7	1	4

Answer 186

3	4	2	1	4	2	1	3	1
2	1	3	5	3	6	7	2	5
3	5	6	2	4	5	4	1	3
1	4	7	1	6	2	6	2	4
3	2	3	4	3	1	5	1	3
5	6	1	7	2	4	2	4	2
4	7	5	4	1	3	1	5	3
5	1	6	3	5	2	4	2	1
2	3	2	1	4	3	1	5	4

Answer 187

1	4	2	7	2	3	6	3	1
2	5	3	1	5	1	5	2	4
3	1	2	4	3	4	6	1	3
4	5	3	1	6	1	2	4	5
2	1	4	7	2	4	7	3	2
6	3	2	3	6	1	2	1	4
4	7	5	1	2	3	4	3	7
2	1	4	3	5	1	2	1	6
3	5	7	1	2	4	6	3	5

Answer 188

3	1	5	2	4	6	3	2	5
6	4	3	7	1	2	7	1	4
2	1	5	2	5	4	3	6	3
5	6	3	4	1	2	1	4	2
1	4	5	6	7	3	5	7	3
5	3	1	2	1	6	1	2	4
1	2	4	3	5	3	4	3	1
4	3	5	2	4	2	1	2	4
6	2	4	1	6	7	3	5	1

Answer 189

5	3	1	2	4	1	4	3	4
4	2	4	5	6	3	2	1	2
3	1	3	2	1	5	4	3	4
2	7	5	4	3	2	6	2	1
6	1	3	1	7	1	4	5	3
3	2	4	2	5	3	6	7	2
4	1	7	3	4	1	5	4	1
3	5	6	1	5	2	3	2	6
2	1	4	2	3	1	4	5	1

Answer 190

6	3	1	7	2	1	4	2	3
4	2	6	3	4	5	3	5	4
5	1	4	2	1	2	1	6	1
2	3	6	3	5	4	7	3	2
1	5	2	1	2	3	1	4	1
3	7	3	6	7	5	7	6	5
6	1	5	2	4	2	3	1	4
4	7	4	1	3	1	4	2	6
2	5	3	2	6	5	7	3	4

Answer 191

4	3	6	1	5	4	6	3	5
1	2	4	2	3	1	2	1	7
3	5	3	6	5	6	3	4	2
4	1	2	1	2	1	2	5	1
2	5	4	3	4	3	4	3	6
3	1	2	1	5	2	1	7	4
6	5	4	3	7	4	3	2	1
4	7	6	5	1	5	6	5	4
2	1	4	2	3	7	2	1	3

Answer 192

1	2	4	6	4	1	4	2	3
5	6	5	3	5	2	3	6	1
3	1	2	7	1	7	4	5	2
2	4	5	3	6	5	3	1	3
1	3	7	4	1	2	6	2	4
2	6	5	3	6	7	4	3	5
4	1	4	1	2	3	1	7	1
5	6	2	6	4	5	2	6	4
3	1	4	7	2	1	3	5	1

Answer 193

7	1	4	1	2	6	4	2	4
5	2	3	6	5	1	3	1	3
1	4	7	4	3	2	4	5	2
3	5	1	5	6	5	1	6	3
6	4	3	2	4	2	4	5	1
2	5	7	5	3	1	3	2	3
3	6	1	2	4	2	4	6	1
5	7	4	3	5	7	1	5	3
1	2	6	2	1	2	4	6	1

Answer 194

2	6	4	1	7	5	2	5	4
5	1	7	2	4	1	3	1	3
3	2	3	1	5	6	7	2	6
1	7	4	6	2	4	3	5	3
2	3	5	7	3	1	6	2	4
6	1	4	1	4	2	3	5	6
2	3	5	2	6	5	4	1	3
1	4	1	3	1	2	3	2	4
2	3	2	5	6	4	1	5	1

Answer 195

3	7	2	1	4	1	3	2	4
5	6	4	5	2	6	5	1	3
1	3	1	6	7	4	3	2	6
4	7	2	4	1	5	1	5	1
2	3	1	6	3	2	4	2	4
4	5	4	2	5	1	3	1	3
6	2	1	6	3	2	6	4	6
3	5	3	2	7	4	5	3	5
1	2	4	5	1	3	1	2	4

Answer 196

4	3	1	4	3	5	4	2	3
1	2	5	2	1	2	7	6	1
5	6	3	4	6	4	3	2	4
1	2	1	2	3	1	5	1	5
4	3	4	7	4	2	6	3	2
2	7	5	1	3	1	7	5	4
3	1	4	2	6	5	3	1	2
6	2	5	3	7	4	7	4	3
1	3	4	2	1	6	2	1	5

Answer 197

2	4	6	4	2	1	7	5	7
3	1	5	3	5	3	6	2	1
2	4	2	4	1	2	1	3	4
3	1	3	5	6	3	6	5	1
2	4	7	1	4	1	4	3	2
3	1	2	5	2	3	6	5	1
2	5	4	7	1	5	4	2	3
1	7	6	2	3	6	3	5	1
2	4	3	1	4	1	2	4	3

Answer 198

6	1	4	2	3	1	5	4	2
7	5	6	5	6	4	3	1	3
4	2	7	2	3	1	5	2	5
3	1	4	1	5	6	3	1	4
4	5	2	6	7	4	2	6	2
2	1	3	1	3	5	1	5	7
6	7	6	4	2	7	3	4	3
3	4	3	1	3	6	1	7	6
2	5	2	5	4	5	4	2	1

Answer 199

3	1	4	1	4	2	4	2	5
2	5	2	6	3	5	3	6	3
3	7	1	5	4	7	2	7	1
4	2	4	3	6	5	1	4	2
6	3	6	5	1	4	2	3	5
4	2	1	4	2	3	5	4	1
1	6	3	7	5	1	6	2	3
5	2	1	2	4	7	3	5	1
1	3	7	3	5	6	1	2	4

Answer 200

2	4	2	1	3	1	6	4	2
1	5	3	5	4	2	7	3	5
3	2	4	2	3	1	5	2	7
4	7	1	5	6	4	3	4	1
2	5	2	3	1	2	1	2	3
3	4	1	4	6	5	7	4	6
5	6	3	2	1	2	1	3	1
7	4	1	5	6	3	6	4	2
1	2	6	3	1	4	5	1	3

Answer 201

1	4	6	7	1	2	1	2	1
5	2	5	3	5	3	6	3	4
3	6	1	2	1	2	5	2	5
1	4	3	4	5	4	1	3	7
7	2	1	2	3	2	6	4	1
1	3	7	4	6	4	1	3	2
2	6	5	3	2	3	5	6	4
5	4	2	7	1	6	1	2	3
1	3	6	4	5	4	5	4	1

Answer 202

1	2	4	3	5	2	1	6	2
3	5	1	2	1	4	3	7	3
1	4	3	4	3	6	2	4	2
2	5	6	2	1	5	1	5	1
3	4	7	3	4	2	3	7	3
1	5	2	1	6	5	4	6	1
2	4	3	4	7	2	1	2	4
5	6	1	2	1	5	4	3	6
1	2	4	3	7	3	1	5	2

Answer 203

5	4	2	1	6	3	1	2	3
6	3	5	3	4	2	5	4	1
2	1	4	6	1	3	1	3	2
3	7	3	7	2	4	2	4	5
5	4	2	1	6	5	3	6	1
2	6	3	4	2	4	2	4	2
1	4	1	5	1	3	1	3	1
2	5	2	3	2	5	4	7	2
1	3	4	5	4	3	1	5	1

Answer 204

2	3	4	1	6	7	1	5	4
5	7	2	5	4	2	3	2	3
4	3	1	3	6	1	7	4	5
6	5	7	2	5	2	6	2	1
1	3	4	1	4	3	4	3	4
2	5	6	2	6	1	2	1	5
1	3	1	3	5	7	5	4	3
2	4	2	4	6	4	3	6	2
1	3	7	3	1	2	1	4	5

Answer 205

5	3	2	1	5	2	7	1	2
4	7	5	6	3	1	4	3	6
3	1	2	1	4	6	5	1	5
2	5	4	5	2	1	4	3	2
4	3	6	3	4	6	2	1	4
2	1	2	5	1	5	3	5	3
4	7	3	4	2	4	2	6	7
3	6	1	5	3	1	7	5	4
1	4	3	2	6	2	4	1	3

Answer 206

5	2	3	1	5	2	1	4	6
1	4	5	4	3	4	3	2	3
5	3	7	6	1	2	5	1	5
6	2	1	2	4	3	6	4	6
1	5	4	6	1	2	1	7	5
4	2	3	7	3	5	3	4	2
3	1	5	4	1	4	2	1	3
2	4	2	3	6	5	6	7	2
6	5	7	5	1	3	2	4	1

Answer 207

2	4	1	2	4	3	7	5	6
1	5	3	6	1	5	6	1	3
2	4	2	5	3	2	3	5	4
1	3	1	4	1	4	1	7	2
5	6	7	6	5	2	3	5	4
2	1	3	4	1	4	1	2	3
6	5	7	2	5	2	3	5	4
2	1	6	4	3	4	7	2	1
4	5	3	1	2	1	6	3	5

Answer 208

3	4	6	4	6	3	4	1	4
2	1	5	3	2	1	2	6	5
7	3	2	1	6	3	5	3	4
2	5	7	5	4	2	1	2	1
4	1	4	2	1	6	4	7	3
6	3	5	3	4	5	2	6	2
5	4	2	6	1	7	3	4	3
7	3	1	4	3	2	1	2	5
1	6	5	2	1	5	3	4	1

Answer 209

7	4	3	7	4	2	4	2	1
3	1	5	2	1	6	1	5	3
4	6	4	6	3	2	3	2	1
2	1	7	5	7	4	1	5	4
3	4	3	4	1	2	3	6	3
1	7	1	2	5	4	7	4	2
2	3	5	6	1	3	2	1	7
5	1	2	4	5	4	5	6	3
6	3	6	1	2	7	3	2	1

Answer 210

4	2	1	3	1	5	7	2	3
1	3	6	2	4	3	6	1	6
4	2	4	3	5	1	2	4	7
3	5	1	6	2	4	5	3	5
1	4	3	4	1	7	2	6	2
3	2	5	6	2	4	5	1	4
5	1	4	1	3	1	6	7	3
6	7	3	5	2	7	2	5	4
1	2	6	1	4	3	1	3	2

Answer 211

1	3	4	2	3	5	4	3	7
2	6	1	6	1	2	6	1	2
1	4	5	2	4	7	4	3	6
7	3	1	3	6	2	5	1	4
5	6	4	7	1	7	4	3	5
4	2	3	5	2	5	2	1	4
3	6	1	4	3	1	3	5	2
2	5	3	2	5	2	6	7	3
1	4	1	4	1	3	1	4	2

Answer 212

1	2	5	4	2	4	1	5	3
3	4	3	6	3	6	7	2	4
1	5	2	7	5	1	3	1	5
4	3	1	3	4	2	7	6	4
2	7	6	5	1	3	4	3	7
5	3	1	2	4	2	5	2	1
1	2	4	5	3	6	1	6	4
4	3	1	7	1	5	3	2	3
1	2	4	2	6	2	4	1	6

Answer 213

1	4	5	3	2	4	3	5	1
6	2	6	1	6	7	1	2	4
5	3	4	7	4	5	6	3	1
2	1	5	1	3	7	2	5	4
7	3	4	2	5	1	3	7	2
2	6	1	3	4	6	2	6	1
3	5	4	7	2	3	5	4	7
6	1	3	6	5	4	2	1	5
2	5	4	1	3	1	3	4	2

Answer 214

5	3	6	5	3	2	4	2	4
1	7	4	2	7	1	3	5	1
4	2	3	1	6	2	6	4	3
3	1	6	4	3	5	1	5	1
5	2	7	5	1	4	2	4	3
7	6	4	3	2	6	5	1	2
3	2	1	7	5	1	4	3	4
5	4	6	2	3	6	2	1	5
1	2	3	5	1	7	4	3	2

Answer 215

3	1	2	1	4	5	4	1	3
6	5	4	5	2	3	6	7	2
4	3	2	6	4	1	5	1	3
2	1	4	1	3	2	4	2	4
5	3	6	7	5	7	6	1	5
4	1	4	3	2	4	2	3	2
6	3	5	7	5	3	1	5	1
1	2	1	4	1	2	6	3	4
5	3	6	2	5	3	4	1	2

Answer 216

5	4	5	1	5	1	6	4	3
2	1	2	6	3	4	2	7	2
3	4	3	1	2	1	5	6	5
1	5	2	5	4	3	7	3	1
4	6	1	3	6	2	4	2	4
1	5	2	4	1	3	1	3	1
3	4	1	6	2	4	2	5	2
7	2	5	4	3	1	3	1	4
3	1	3	1	2	4	5	2	3

Answer 217

4	2	3	5	3	2	5	1	3
1	5	4	2	4	6	3	2	4
4	3	1	6	1	2	1	5	1
2	5	2	5	3	7	6	4	3
1	6	1	4	2	4	3	1	7
7	3	2	7	1	5	2	5	2
4	6	5	6	4	3	1	4	1
5	1	4	2	5	7	6	3	2
3	2	3	1	3	4	1	5	6

Answer 218

4	1	3	4	2	3	1	4	1
5	7	6	5	1	5	2	3	5
4	1	2	3	2	7	6	1	4
7	6	4	1	4	5	4	2	3
5	3	2	3	7	1	7	1	5
6	7	6	1	2	5	3	4	7
2	4	2	5	3	1	2	6	2
3	5	3	6	4	6	4	1	5
4	1	2	1	3	1	2	3	2

Answer 219

3	6	1	4	3	1	2	1	2
2	4	2	7	5	7	6	4	3
3	5	3	4	3	4	5	1	2
4	1	2	1	2	1	2	4	3
5	3	6	3	5	6	3	6	1
1	2	5	4	1	7	4	2	5
3	4	6	2	5	3	5	1	3
5	1	3	1	4	1	7	6	4
2	4	7	2	3	2	4	1	2

Answer 220

1	7	1	4	1	7	6	2	4
2	6	2	3	2	3	1	3	1
5	4	5	4	5	4	2	5	6
3	1	3	1	6	3	1	3	7
5	2	4	7	4	2	6	2	5
3	1	3	2	5	3	5	4	1
4	2	4	1	7	4	1	2	3
1	5	6	2	3	2	6	5	1
2	3	1	4	6	4	1	2	3

Answer 221

3	1	3	2	5	2	4	3	2
7	5	6	1	3	1	6	1	4
6	1	2	4	2	4	5	3	2
3	4	5	3	1	3	1	4	1
1	7	2	4	6	5	2	5	3
3	4	5	1	2	4	1	7	1
2	1	2	4	3	5	2	3	4
7	5	3	6	1	4	1	5	2
1	2	1	5	2	3	6	7	4

Answer 222

1	2	3	6	7	1	4	3	2
3	6	7	1	3	5	6	5	1
5	2	3	5	2	4	1	4	2
4	1	4	1	6	5	7	5	3
6	5	2	3	7	4	1	2	1
4	3	1	4	5	2	5	6	3
1	2	7	2	3	1	4	1	2
3	4	6	1	4	6	2	3	4
1	7	2	5	3	5	4	5	6

Answer 223

1	5	7	3	4	7	4	1	3
4	2	1	6	2	1	2	6	2
1	6	5	7	3	4	5	3	1
2	3	2	6	1	7	6	4	2
4	5	4	3	4	2	5	1	3
1	6	1	2	1	3	7	2	4
4	7	3	4	5	2	1	6	7
5	1	2	1	7	4	3	2	5
3	6	7	6	3	2	5	4	3

Answer 224

2	3	4	5	3	7	4	2	7
1	5	1	6	1	2	1	3	5
7	4	3	4	3	4	5	6	1
5	2	5	6	1	6	2	3	4
4	1	7	4	2	3	5	1	6
2	6	2	3	1	4	2	4	3
1	3	1	5	2	3	1	5	1
4	7	4	3	4	5	2	6	2
2	3	1	2	1	6	1	3	4

Answer 225

1	2	3	2	3	1	2	1	4
4	5	4	1	5	6	3	5	3
1	2	3	2	4	1	4	6	4
3	5	1	6	5	2	5	1	2
2	4	7	2	1	3	4	3	7
1	3	1	3	4	2	1	2	1
2	6	2	6	5	7	5	4	6
3	5	4	3	1	6	1	3	5
4	6	7	5	2	4	7	2	1

Answer 226

2	5	4	1	2	4	3	5	4
6	1	7	6	3	1	2	1	3
3	2	4	5	2	7	6	5	2
4	7	1	3	1	4	3	1	3
2	3	5	6	5	2	7	4	2
5	4	2	1	4	1	6	5	1
7	6	5	3	2	3	4	3	6
4	2	4	1	4	1	2	1	5
5	1	3	5	2	3	7	3	4

Answer 227

7	4	2	1	2	1	5	2	3
1	5	3	6	3	4	7	1	5
6	4	2	5	1	6	3	6	4
5	3	1	4	3	4	5	1	2
1	2	6	2	6	2	3	4	3
3	7	5	4	5	4	1	2	7
1	2	6	2	1	3	5	4	1
3	5	1	3	6	4	2	7	3
1	2	4	5	2	1	3	4	2

Answer 228

3	2	1	4	3	6	1	3	1
1	4	3	6	2	4	2	7	5
2	5	1	5	7	5	3	1	2
1	4	6	2	3	6	4	5	4
3	2	3	4	1	7	1	2	6
1	4	1	2	5	3	4	3	1
2	6	5	3	1	2	6	2	5
5	4	1	2	5	3	5	3	4
1	3	6	4	1	4	2	6	7

Answer 229

1	3	4	6	7	5	2	3	1
2	5	2	1	4	3	6	4	2
4	3	4	7	5	2	1	3	5
6	1	5	2	6	4	5	4	2
7	4	3	1	3	1	3	1	3
2	5	7	2	5	6	4	2	7
7	3	1	4	1	7	1	3	1
6	5	2	6	3	4	5	6	4
4	1	3	5	2	1	2	1	2

Answer 230

1	7	3	1	2	1	2	4	3
5	2	5	6	5	4	3	5	2
3	4	3	4	1	7	2	4	1
6	7	1	2	6	5	6	7	5
5	2	4	3	4	3	1	3	6
1	3	7	6	2	5	4	5	4
5	6	4	3	7	1	2	1	2
1	2	1	2	6	4	6	5	4
5	3	4	7	1	2	3	1	3

Answer 231

2	3	4	1	4	3	4	1	2
5	6	5	3	2	7	2	3	4
1	3	1	4	1	6	5	6	1
6	5	2	7	2	3	4	3	4
1	4	1	3	5	1	2	1	5
3	7	5	2	4	3	6	4	2
2	4	3	6	1	2	1	3	1
3	1	2	5	4	5	6	5	7
2	6	4	3	2	3	4	2	1

Answer 232

5	1	4	2	3	6	2	1	4
3	2	3	1	4	1	3	5	3
6	4	6	2	6	5	2	7	1
1	3	5	1	3	1	3	4	2
5	7	2	6	2	4	5	1	3
2	4	3	1	5	1	2	4	2
6	5	2	6	4	3	5	3	1
3	4	1	3	1	2	4	2	5
1	2	7	4	5	3	6	1	4

Answer 233

3	2	3	4	5	3	5	2	1
4	6	1	6	1	6	1	4	5
1	3	2	3	2	7	5	3	1
2	4	1	7	5	4	6	4	2
1	3	2	6	2	3	2	5	3
4	5	4	3	1	5	1	4	2
1	3	1	2	4	2	3	6	1
4	5	7	3	5	1	5	4	7
2	1	6	1	4	6	3	2	1

Answer 234

1	4	2	3	7	6	4	3	5
7	6	1	4	1	5	2	1	2
3	4	5	3	2	6	4	5	3
2	6	1	7	1	5	2	1	6
4	3	4	3	2	3	7	4	2
1	5	2	1	5	4	5	3	1
2	3	6	7	2	3	1	4	2
6	4	1	4	1	4	5	3	1
1	3	6	5	2	3	1	2	4

Answer 235

4	2	1	3	4	7	3	1	7
3	5	4	5	2	1	2	5	3
2	1	6	3	6	4	3	4	6
4	7	5	2	1	2	1	2	5
1	6	1	4	3	5	6	3	1
5	2	7	6	2	4	2	4	2
3	1	3	4	3	1	6	1	3
4	5	6	5	2	4	3	5	4
3	7	2	1	6	5	7	2	1

Answer 236

5	2	1	2	1	4	3	2	7
6	3	4	3	5	2	5	4	1
4	2	1	2	1	3	1	3	2
1	3	4	6	7	6	2	4	6
5	6	2	3	1	4	5	7	5
1	7	1	6	5	6	1	4	1
2	4	2	4	3	2	7	3	2
3	1	3	5	1	6	5	1	5
4	2	6	7	4	3	2	4	3

Answer 237

5	3	1	3	1	2	3	4	5
2	4	2	5	4	6	1	2	1
3	6	7	1	7	2	5	4	3
4	2	3	5	4	1	6	1	6
3	1	4	2	3	2	7	5	3
2	5	3	1	4	6	3	4	1
1	4	6	2	7	2	5	2	7
2	5	1	3	4	3	1	3	4
1	3	4	5	1	2	4	2	5

Answer 238

1	3	5	4	5	1	2	4	2
2	4	2	6	3	4	3	5	1
3	1	3	1	7	6	1	2	3
7	2	4	5	4	5	3	4	5
3	1	3	2	1	2	1	2	1
4	2	4	6	3	4	5	4	3
5	6	1	5	7	2	3	1	2
1	2	3	4	3	1	7	5	3
3	4	1	5	2	6	2	1	2

Answer 239

2	3	5	6	4	2	3	4	1
4	1	2	3	7	1	6	2	3
2	3	4	5	4	2	3	4	1
1	5	6	2	1	7	5	7	5
4	2	3	4	3	4	1	4	2
1	6	7	6	2	6	2	7	3
3	4	1	5	4	5	1	6	1
2	5	3	7	3	2	7	3	4
3	1	4	5	1	6	5	1	2

Answer 240

5	4	3	1	2	7	2	4	1
2	1	2	4	5	3	1	3	5
3	7	3	6	1	2	6	2	1
1	2	4	2	4	5	4	3	6
4	5	1	6	1	3	1	5	4
1	3	7	3	4	2	7	6	3
4	2	4	2	6	1	5	1	4
6	3	1	3	5	3	4	6	2
4	2	5	7	1	2	1	5	3

Answer 241

2	1	3	1	2	1	2	4	3
3	6	7	4	5	6	3	6	1
2	1	5	3	2	1	2	4	2
5	4	2	4	5	7	5	3	1
6	1	5	1	6	3	1	4	2
2	3	2	3	5	2	6	3	5
5	4	1	4	6	4	1	2	1
6	2	6	5	1	3	5	3	4
4	3	1	3	4	7	4	6	2

Answer 242

4	1	6	1	2	3	4	3	1
5	3	2	5	7	5	2	5	2
6	1	4	1	4	3	4	1	4
4	2	3	5	2	1	5	7	3
1	7	4	1	6	3	2	1	6
5	2	3	7	2	1	4	3	2
1	6	1	5	6	3	2	1	4
4	7	4	3	1	5	7	3	2
2	3	2	5	6	2	1	4	1

Answer 243

5	4	1	7	3	5	2	4	3
2	3	6	2	1	6	1	5	2
1	7	4	3	4	3	2	4	3
2	3	2	6	5	1	5	1	2
4	5	1	3	2	4	6	3	4
6	2	4	5	1	7	1	2	1
1	5	1	3	2	5	3	4	7
3	4	7	6	1	7	1	2	3
1	2	5	4	3	4	5	6	1

Answer 244

6	1	4	5	1	6	3	7	5
3	2	7	6	2	4	2	6	3
1	5	3	4	1	5	3	4	2
2	4	2	7	3	4	1	7	1
3	6	5	1	5	6	2	3	6
2	7	3	7	3	4	1	5	2
1	4	2	6	1	6	2	6	1
3	6	5	4	5	3	5	7	5
5	4	3	1	2	4	1	2	4

Answer 245

1	3	4	2	3	2	4	5	1
4	2	1	7	4	6	3	2	3
3	5	3	6	1	5	1	5	1
1	6	1	5	2	3	4	7	4
5	2	4	3	4	6	1	3	5
1	3	5	2	7	2	7	6	2
2	4	1	4	5	3	4	1	5
1	3	7	3	2	1	2	3	4
2	6	2	1	4	3	4	1	2

Answer 246

7	2	4	1	4	2	1	6	3
3	1	5	6	3	5	3	2	5
2	4	3	1	2	1	4	1	4
3	1	2	4	3	5	3	5	2
2	5	3	6	2	4	2	4	7
3	4	1	5	7	5	1	3	6
1	6	2	4	1	4	2	5	1
5	3	1	5	2	5	1	6	3
1	4	2	3	4	3	2	4	1

Answer 247

1	4	1	2	1	3	4	5	4
2	7	6	3	5	2	1	3	1
1	5	4	2	4	3	4	2	6
3	7	1	3	1	2	6	1	3
6	2	4	5	4	3	4	2	5
1	5	3	1	7	5	1	3	4
2	6	2	4	2	3	2	7	1
4	3	5	3	1	7	4	3	2
5	1	6	2	4	5	1	6	7

Answer 248

1	3	1	4	1	5	4	3	2
2	4	2	6	3	7	2	1	4
3	1	3	5	2	1	3	5	2
5	6	4	1	4	6	2	1	4
3	2	7	2	3	1	3	5	2
1	4	3	1	4	5	2	7	1
6	5	7	2	3	1	6	3	6
7	2	6	5	4	7	4	5	1
4	1	3	2	1	2	1	3	2

Answer 249

2	4	2	3	1	4	3	1	2
1	6	5	4	2	7	2	5	6
3	7	1	3	1	6	1	3	4
1	2	4	5	4	3	5	2	5
3	5	6	3	1	2	4	6	4
2	4	1	2	6	3	7	5	1
3	7	5	4	1	2	1	2	6
1	4	3	2	3	7	3	4	1
3	2	5	4	1	5	1	2	3

Answer 250

3	2	4	1	4	2	7	5	1
4	5	3	2	6	3	1	4	3
6	7	1	5	1	2	5	2	1
5	2	3	6	3	4	7	3	4
3	1	7	4	2	6	1	2	5
6	4	2	1	7	4	3	4	3
1	3	6	4	5	2	1	2	1
5	4	5	2	1	6	7	3	6
3	2	1	3	4	5	4	2	1

Answer 251

1	3	1	5	2	1	5	1	4
2	4	2	3	4	7	4	2	6
5	6	5	6	2	3	5	1	3
2	4	7	3	5	6	2	4	5
1	3	1	4	7	4	5	1	2
7	6	5	2	1	3	2	6	3
1	2	1	3	6	4	1	7	1
4	3	7	4	5	3	2	3	2
1	2	6	3	2	1	4	5	4

Answer 252

4	1	4	6	5	1	4	3	2
2	3	2	3	7	3	2	1	5
4	1	5	4	2	1	4	3	6
5	3	2	1	7	5	6	5	7
1	7	6	4	3	2	1	3	1
2	4	3	2	1	5	4	2	6
3	5	7	4	3	2	6	3	1
1	2	3	5	1	4	5	2	5
4	6	1	4	3	2	1	4	7

Answer 253

2	7	6	1	3	2	6	2	7
4	3	5	4	5	4	5	3	4
5	1	2	3	1	3	1	7	1
6	3	6	4	2	4	2	3	6
1	2	5	1	3	1	5	1	5
3	4	3	2	4	2	4	2	4
1	5	1	6	1	5	1	5	3
4	3	2	3	2	3	2	4	2
2	7	4	1	6	4	6	1	3

Answer 254

4	2	4	3	1	6	7	5	2
1	5	1	5	4	2	3	6	4
3	6	3	2	7	1	5	1	5
2	7	1	4	3	6	7	6	4
1	4	5	2	5	2	5	3	2
5	6	3	1	3	1	4	7	4
2	4	2	7	4	2	3	5	1
1	7	1	5	1	5	1	6	3
3	6	2	4	3	2	3	4	2

Answer 255

3	2	1	2	5	3	4	2	3
5	4	6	3	1	2	6	1	4
1	3	1	4	6	3	5	3	2
5	4	5	2	1	4	2	7	1
3	2	1	4	7	5	6	4	6
4	6	3	5	2	1	3	1	5
1	5	2	1	4	6	5	4	2
2	6	4	3	2	1	3	6	3
1	3	1	7	4	5	4	2	5

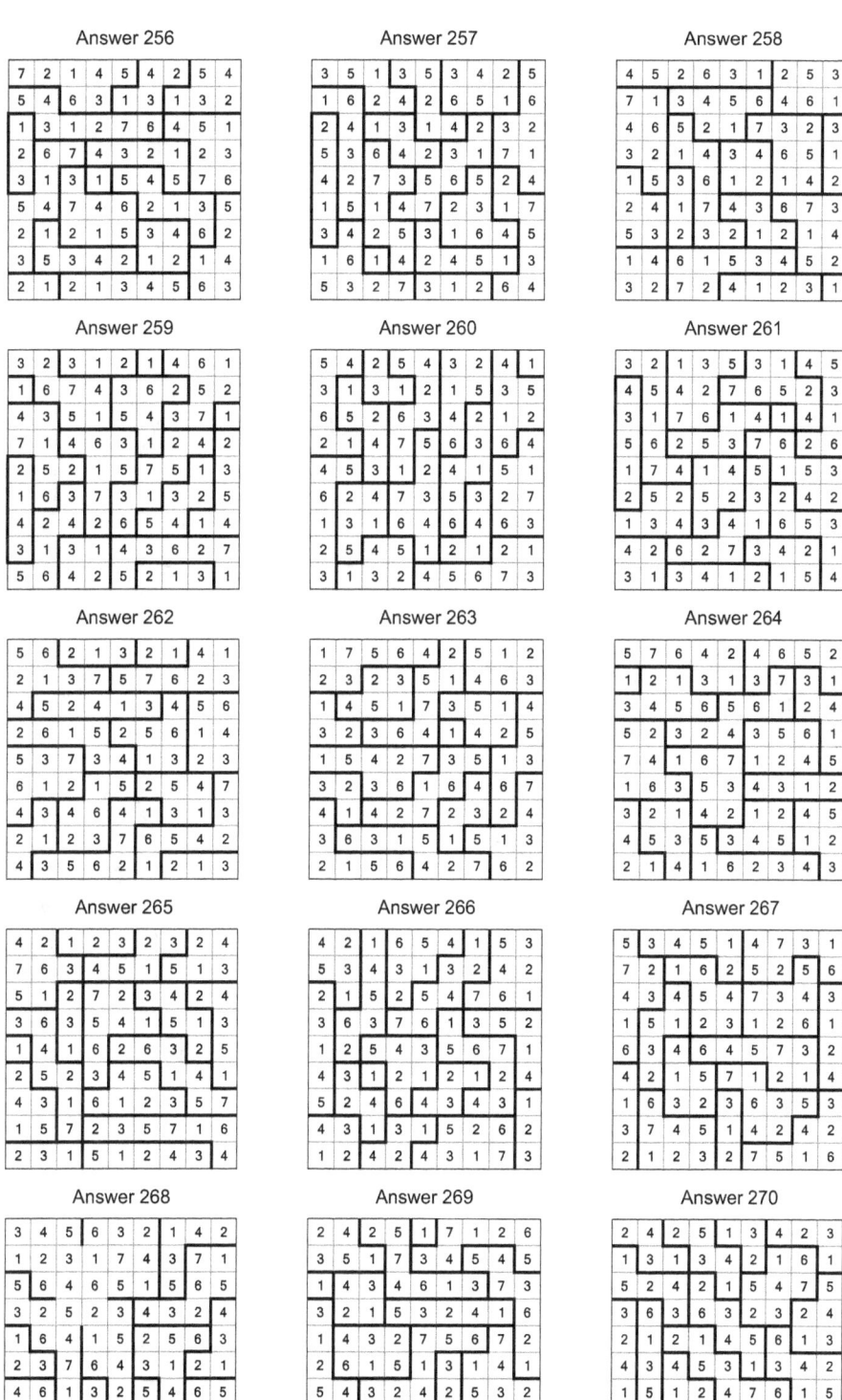

Answer 256 Answer 257 Answer 258
Answer 259 Answer 260 Answer 261
Answer 262 Answer 263 Answer 264
Answer 265 Answer 266 Answer 267
Answer 268 Answer 269 Answer 270

Answer 271

6	3	4	7	5	1	5	1	3
2	5	2	6	2	3	7	2	4
1	3	4	1	7	6	4	1	5
7	2	6	3	5	2	3	2	4
6	1	4	7	6	1	4	1	5
4	5	2	1	5	2	5	3	6
7	3	4	3	6	3	1	2	1
1	5	6	2	7	5	4	3	5
4	2	3	4	1	3	2	7	4

Answer 272

4	2	3	1	3	2	4	2	4
1	5	6	2	4	1	3	1	3
2	4	1	3	6	5	4	5	4
1	3	7	5	4	1	2	1	2
5	2	4	6	2	3	4	5	3
3	6	3	1	4	1	7	1	6
4	1	7	5	2	3	2	3	2
5	2	4	3	4	1	5	1	6
1	3	7	5	6	2	3	4	2

Answer 273

2	4	6	4	2	1	7	5	7
3	1	5	3	5	3	6	2	1
2	4	2	4	1	2	1	3	4
3	1	3	5	6	3	6	5	1
2	4	7	1	4	1	4	3	2
3	1	2	5	2	3	6	5	1
2	5	4	7	1	5	4	2	3
1	7	6	2	3	6	3	5	1
2	4	3	1	4	1	2	4	3

Answer 274

5	3	4	5	1	4	7	3	1
7	2	1	6	2	5	2	5	6
4	3	4	5	4	7	3	4	3
1	5	1	2	3	1	2	6	1
6	3	4	6	4	5	7	3	2
4	2	1	5	7	1	2	1	4
1	6	3	2	3	6	3	5	3
3	7	4	5	1	4	2	4	2
2	1	2	3	2	7	5	1	6

Answer 275

6	3	1	7	2	1	4	2	3
4	2	6	3	4	5	3	5	4
5	1	4	2	1	2	1	6	1
2	3	6	3	5	4	7	3	2
1	5	2	1	2	3	1	4	1
3	7	3	6	7	5	7	6	5
6	1	5	2	4	2	3	1	4
4	7	4	1	3	1	4	2	6
2	5	3	2	6	5	7	3	4

Answer 276

2	4	1	2	4	3	7	5	6
1	5	3	6	1	5	6	1	3
2	4	2	5	3	2	3	5	4
1	3	1	4	1	4	1	7	2
5	6	7	6	5	2	3	5	4
2	1	3	4	1	4	1	2	3
6	5	7	2	5	2	3	5	4
2	1	6	4	3	4	7	2	1
4	5	3	1	2	1	6	3	5

Answer 277

2	6	5	7	1	6	1	3	2
4	3	1	3	4	3	5	6	4
6	2	6	2	1	2	4	1	5
5	4	5	7	5	7	3	6	2
1	3	1	4	3	2	4	1	3
4	2	5	2	5	7	6	5	4
5	3	1	6	3	4	2	1	3
2	4	2	4	5	7	6	5	2
3	1	3	1	2	1	3	4	1

Answer 278

1	4	2	3	7	6	4	3	5
7	6	1	4	1	5	2	1	2
3	4	5	3	2	0	4	5	3
2	6	1	7	1	5	2	1	6
4	3	4	3	2	3	7	4	2
1	5	2	1	5	4	5	3	1
2	3	6	7	2	3	1	4	2
6	4	1	4	1	4	5	3	1
1	3	6	5	2	3	1	2	4

Answer 279

1	4	1	7	1	6	1	4	3
3	5	2	3	2	3	2	5	2
6	1	6	4	5	1	6	3	1
2	5	3	1	2	4	5	2	5
4	1	2	6	5	1	3	1	4
2	7	4	3	2	4	7	6	7
3	1	2	5	1	3	1	5	4
4	6	4	3	2	4	6	3	1
2	3	1	5	1	3	2	4	2

Answer 280

4	2	1	3	4	7	3	1	7
3	5	4	5	2	1	2	5	3
2	1	6	3	6	4	3	4	6
4	7	5	2	1	2	1	2	5
1	6	1	4	3	5	6	3	1
5	2	7	6	2	4	2	4	2
3	1	3	4	3	1	6	1	3
4	5	6	5	2	4	3	5	4
3	7	2	1	6	5	7	2	1

Answer 281

5	4	2	1	3	1	3	4	1
2	7	3	6	2	4	2	7	2
5	6	1	5	3	5	3	5	3
4	3	2	4	2	1	2	6	1
1	6	1	3	5	4	5	3	4
2	3	4	7	1	3	1	7	2
4	1	6	5	4	2	6	4	1
5	3	4	2	1	5	3	2	6
1	6	1	3	4	2	1	5	4

Answer 282

1	5	1	2	4	5	4	3	4
4	7	6	3	1	3	1	7	2
3	2	5	2	5	2	5	4	5
1	4	3	7	4	3	1	2	3
6	2	1	2	1	5	7	6	1
4	3	5	3	4	6	2	3	4
2	1	2	6	2	5	1	6	2
4	5	4	3	1	4	2	3	5
1	3	1	6	5	3	7	1	4

Answer 283

3	1	5	2	4	6	3	2	5
6	4	3	7	1	2	7	1	4
2	1	5	2	5	4	3	6	3
5	6	3	4	1	2	1	4	2
1	4	5	6	7	3	5	7	3
5	3	1	2	1	6	1	2	4
1	2	4	3	5	3	4	3	1
4	3	5	2	4	2	1	2	4
6	2	4	1	6	7	3	5	1

Answer 284

6	5	1	2	5	3	6	5	2
4	2	4	3	6	1	4	1	7
1	3	7	1	5	2	3	2	3
5	4	2	4	3	4	7	1	6
2	1	3	1	2	1	5	2	5
3	4	2	6	4	3	4	1	4
5	1	5	1	2	1	2	3	6
2	6	3	7	4	5	4	7	5
3	1	4	2	3	6	2	1	3

Answer 285

3	6	3	2	1	4	1	4	1
2	5	4	6	5	2	3	2	3
1	3	2	3	7	4	1	4	1
2	7	1	4	5	6	2	5	2
3	4	5	2	3	1	3	4	1
1	6	1	4	5	7	6	2	3
3	5	2	3	2	1	4	1	6
1	4	6	4	6	7	2	7	4
2	5	2	1	3	1	3	1	5

Answer 286

1	5	6	3	4	1	2	3	1
4	3	2	1	2	7	6	4	2
2	5	6	3	4	1	2	3	5
4	3	4	1	7	3	4	1	6
1	2	5	3	5	2	5	2	3
5	3	1	7	4	1	3	6	4
4	2	6	2	3	2	5	1	5
3	1	4	1	4	1	4	3	4
2	5	2	5	3	5	6	2	1

Answer 287

5	2	1	2	1	4	3	2	7
6	3	4	3	5	2	5	4	1
4	2	1	2	1	3	1	3	2
1	3	4	6	7	6	2	4	6
5	6	2	3	1	4	5	7	5
1	7	1	6	5	6	1	4	1
2	4	2	4	3	2	7	3	2
3	1	3	5	1	6	5	1	5
4	2	6	7	4	3	2	4	3

Answer 288

6	1	2	3	4	5	1	5	1
2	3	4	5	1	2	3	6	3
4	1	2	3	4	5	4	2	7
2	3	4	1	2	6	1	6	4
1	5	6	7	3	7	3	7	2
4	2	3	5	2	1	4	5	4
5	1	6	1	4	6	3	2	3
6	3	4	7	3	2	1	4	1
2	7	5	1	4	5	7	3	2

Answer 289

2	4	5	3	1	4	2	1	3
7	1	6	4	5	3	6	4	5
2	4	3	1	2	1	2	1	2
3	6	2	6	7	5	3	6	4
1	5	3	4	3	2	4	7	3
7	4	1	2	5	1	6	1	5
3	2	3	4	6	3	4	2	6
5	4	1	2	1	5	1	5	1
1	2	7	5	3	2	3	4	7

Answer 290

2	1	3	4	1	2	1	4	6
3	5	6	5	6	3	5	7	2
4	2	1	2	1	2	6	1	4
1	3	4	3	4	3	7	5	3
5	2	5	6	1	2	4	6	2
4	3	4	3	5	3	1	5	1
1	2	1	2	1	2	4	3	2
3	6	4	7	5	3	1	5	4
5	2	3	1	4	2	4	3	1

Answer 291

4	5	2	6	3	1	2	5	3
7	1	3	4	5	6	4	6	1
4	6	5	2	1	7	3	2	3
3	2	1	4	3	4	6	5	1
1	5	3	6	1	2	1	4	2
2	4	1	7	4	3	6	7	3
5	3	2	3	2	1	2	1	4
1	4	6	1	5	3	4	5	2
3	2	7	2	4	1	2	3	1

Answer 292

3	1	5	2	6	1	4	2	4
4	2	3	1	4	7	3	1	3
3	5	4	2	5	1	5	6	2
1	2	1	3	4	3	2	3	4
5	7	4	2	5	6	1	7	5
1	2	6	3	1	2	4	2	1
3	4	1	2	4	3	1	7	3
1	7	5	6	5	2	6	2	6
2	4	3	4	1	3	4	5	3

Answer 293

5	4	5	1	5	1	6	4	3
2	1	2	6	3	4	2	7	2
3	4	3	1	2	1	5	6	5
1	5	2	5	4	3	7	3	1
4	6	1	3	6	2	4	2	4
1	5	2	4	1	3	1	3	1
3	4	1	6	2	4	2	5	2
7	2	5	4	3	1	3	1	4
3	1	3	1	2	4	5	2	3

Answer 294

4	1	4	6	5	1	4	3	2
2	3	2	3	7	3	2	1	5
4	1	5	4	2	1	4	3	6
5	3	2	1	7	5	6	5	7
1	7	6	4	3	2	1	3	1
2	4	3	2	1	5	4	2	6
3	5	7	4	3	2	6	3	1
1	2	3	5	1	4	5	2	5
4	6	1	4	3	2	1	4	7

Answer 295

2	5	7	3	6	7	2	1	3
1	3	1	2	4	3	4	5	4
4	6	5	6	7	5	2	6	3
3	2	4	1	2	4	1	5	1
1	5	6	7	5	7	3	4	2
2	4	1	2	3	2	6	1	7
3	5	3	4	6	4	3	2	3
4	6	2	1	7	5	6	5	4
5	1	4	5	2	3	1	7	1

Answer 296

4	2	5	1	2	1	5	4	2
1	3	4	3	4	3	7	1	3
5	2	6	1	5	1	6	5	4
7	3	5	2	4	2	3	1	7
5	1	4	3	6	5	7	2	6
3	2	6	7	4	3	4	1	5
4	7	4	2	1	6	2	3	2
1	3	1	5	4	3	1	6	1
2	6	2	3	1	2	5	4	3

Answer 297

4	1	6	5	4	3	2	6	4
2	3	4	1	2	1	5	1	7
5	6	5	3	7	3	2	3	2
1	2	1	4	1	4	7	1	5
3	4	3	5	7	2	3	2	3
1	2	6	2	1	5	1	4	1
6	4	3	4	3	2	6	2	3
3	2	6	2	1	4	5	4	1
5	1	5	4	7	3	1	2	3

Answer 298

4	2	1	2	3	2	3	2	4
7	6	3	4	5	1	5	1	3
5	1	2	7	2	3	4	2	4
3	6	3	5	4	1	5	1	3
1	4	1	6	2	6	3	2	5
2	5	2	3	4	5	1	4	1
4	3	1	6	1	2	3	5	7
1	5	7	2	3	5	7	1	6
2	3	1	5	1	2	4	3	4

Answer 299

1	7	3	4	5	2	1	2	3
2	4	5	2	1	7	3	4	1
3	1	3	4	6	4	1	2	5
2	5	2	1	5	3	6	3	4
6	4	3	7	4	1	5	2	1
3	2	1	2	3	2	7	6	5
5	7	5	4	1	6	5	3	4
1	3	1	2	7	2	4	2	5
4	6	4	5	3	6	1	3	1

Answer 300

2	7	6	1	3	2	6	2	7
4	3	5	4	5	4	5	3	4
5	1	2	3	1	3	1	7	1
6	3	6	4	2	4	2	3	6
1	2	5	1	3	1	5	1	5
3	4	3	2	4	2	4	2	4
1	5	1	6	1	5	1	5	3
4	3	2	3	2	3	2	4	2
2	7	4	1	6	4	6	1	3

www.ingramcontent.com/pod-product-compliance
Lightning Source LLC
Chambersburg PA
CBHW070011300526
45794CB00001B/284